京都国立博物館明治古都館
（旧帝国京都博物館本館）
設計：片山東熊

京都文化博物館別館
（旧日本銀行京都支店）
設計：辰野金吾

本書で取り上げる
京都の近現代建築

本願寺伝道院
（旧真宗信徒生命保険株式会社本館）
設計：伊東忠太

東華菜館本店
設計：ウィリアム・メレル・ヴォーリズ

京都府立図書館
設計：武田五一

北京料理
東華菜館

府立図書館
入口 →

ウェスティン都ホテル京都
(旧都ホテル)
設計：村野藤吾

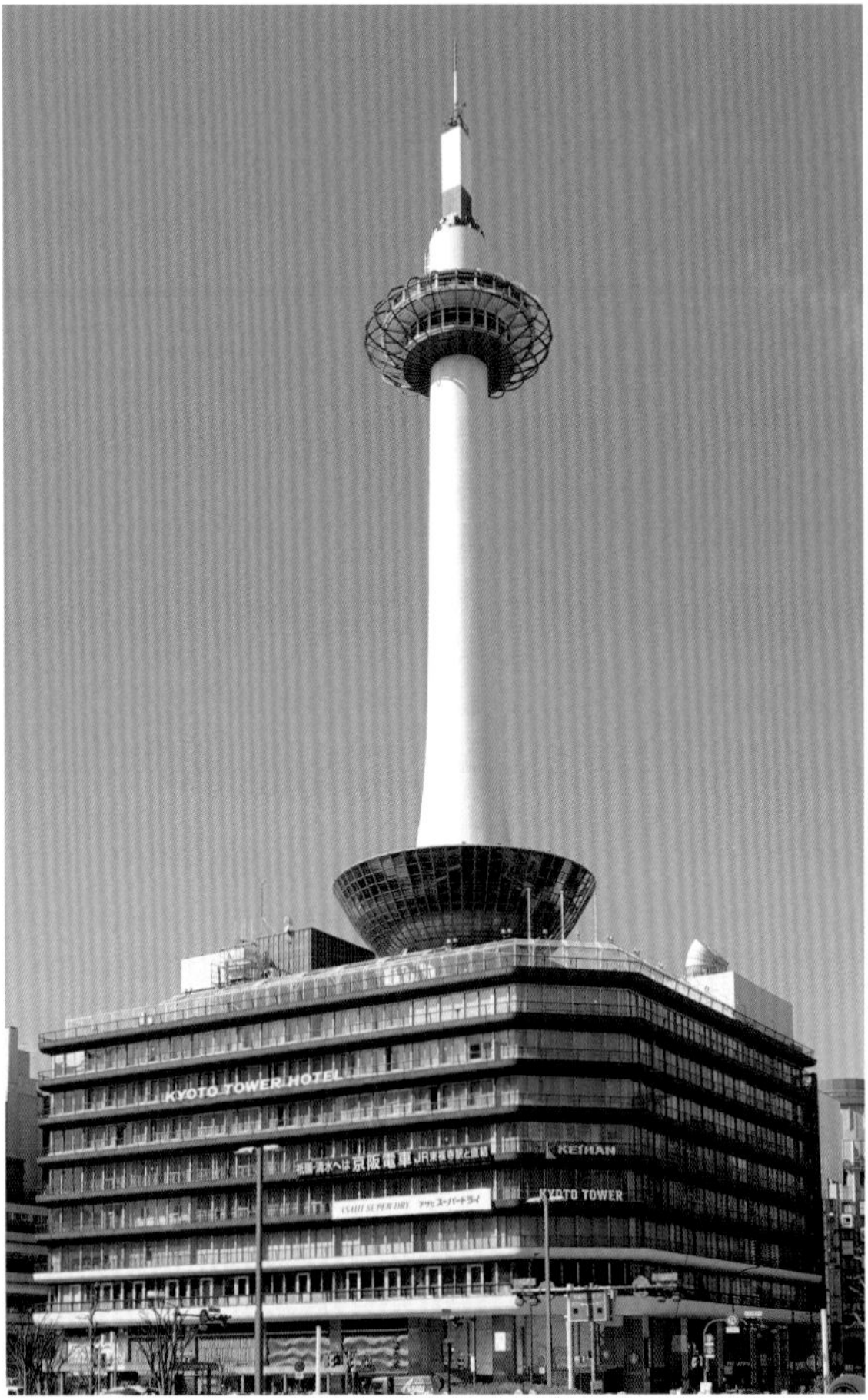

京都タワービル
設計：山田守

国立京都国際会館
設計：大谷幸夫

京都信用金庫

京都信用金庫
〔写真は円町支店〕
設計：菊竹清訓

TIME'S
設計：安藤忠雄

京都駅ビル
設計：原広司

ロームシアター京都
（京都会館）設計：前川國男

京都市京セラ美術館
（京都市美術館）設計：前田健二郎

平凡社新書
985

京都 近現代建築ものがたり

倉方俊輔
KURAKATA SHUNSUKE

HEIBONSHA

はじめに

京都で見るべきは、近現代建築だ。この言葉は「近現代」と「建築」に分かれる。この二つがどんなものか、京都に来るとよく分かる。本書は、今までにありそうでなかった、その手引きである。

「近代」という言葉は日本では一般的に、一八五四年に開国した後の時代を指して使われる。「現代」は第二次世界大戦が終了した一九四五年から現在までになる。これらは私たちが真っ先に知ると良い時代だ。なぜそう言えるのか？　理由がいくつかある。

一つには、今を生きる私たちと最も関係が深いこと。「今」といっても、この瞬間、すべてが生まれたわけではない。目に見える風景であったり、それをつくっている決まりごとであったり、受け止める心の癖であったりといったことも、少し前から受け継がれている。その時代を知ることは、現状の理解を助けてくれる。

二つ目に、同じに見えて、今と実は違うということ。近現代の日本というと、今のことと、年代的にも地理的にも、あまり違いがない。では同じかというと、意外にそうでもない。近現代は、世界的にも変化の激しい時代だ。特に日本にとっては、先ほどの「近代」と「現代」とが割にキリッとした区切りになっていることからも示唆的なように、激しい荒波の中に漕ぎ出した時期である。

第二次世界大戦の前と後とがそれぞれに一様な状態だったわけではないし、皆が一緒に一定の方向を目指して行動していたわけでもない。ましてや、ある時代が全面的に良い、悪いなどというものでもない。どの時代も、それ以前の時代があり、その先は見えず、個々人が自分の視界をもとに判断して動いていた。同じ人間しかいないのだから、その点では、今と同じだ。一方、当たり前にしている振る舞いや考え方には、大きな違いがあったりもする。

近現代も歴史の一部だ。同じであることに驚いたり、違うことに納得したりできる。近いから、自分ごととして捉えやすい。ここから遠くの年代や場所の歴史に思いを馳せたい。理解は、今の世界を捉えるのにも役立つだろう。そして理解すること自体が、時に苦しさを伴いながらかもしれないが、個人の生に現れる世界の深みを増すに違いない。

三つ目に、近代以前の時代から、よりさまざまなものを引き出すきっかけになること。

私たちは、よく近現代のレンズを通して、それよりも前のものを捉えている。例えば「伝統」と言った時に、現在の国や地域、あるいはジャンル区分を前提に見てしまいがちといったことだ。現実には、それが今と違った行動の合理性に支えられていたり、整理された時代は意外と新しかったりする。

近現代に世界的にコミュニケーションが進展した。他の者たちに自分たちの存在を明らかに示す必要性が一層高まった。それで、より実証的な「歴史」が編まれ、レンズが作られた。その偏向を外し、もっと豊かな本来のものを近代以前の時代から得たい。そう思った時、近現代の知識は欠かすことはできない。なぜなら、私たちもその中にいるからだ。

近現代のどんな必要性から思い込みが生まれたのか、それを「思い込み」だと明かしたのは近現代に発達したいかなる実証的な手法だったのか、現時点での近代以前への着目の傾向は、どのような近現代の思想の流れに由来しているのか。それらを知ることは、人類の歴史の全般から、未来に使える要素を増やすことにつながるはず。近現代の歴史は、未来をつくる人たちに必要なのだ。

そんな「近現代」を実感するのに「建築」は良い手段である。なぜか。実体であるからだ。今につながるものがどの時代に、どのようにできたのか。当時の考え方がどのように違っているのか。それ以前をどう捉えたのか。目に見えて分かる。文字のように細かくは示してくれないけれど、動かない場所に、具体的な形を持ってあるので、説明を聞くと忘れない。意外とすんなり思い出される。古代ギリシアの記憶術では、物事を場所に紐付けて覚えておくことが推奨された。建築は記憶術でもある。

では、日本の近現代史を記憶したい時、一番に選ぶべき場所は？　それが京都だ。明治からの建物がよく残っている。近現代に大事な場所となった。しかも前近代からのものがあるから、それに向き合い、それぞれの時代で「伝統」を構成していった。そんな最先端の場所だ。

京都には、日本の近現代を理解できる建築が最も揃っている。本書を読む前と後とで一番に変化してほしい認識は、このことである。

したがって、思い切って対象を絞った。取り上げるのは、今ある一三の建築だ。一つに一章をあてている。京都には明治前期の煉瓦《れんが》建築の建物も残っている。琵琶湖疏水《びわこそすい》などの土木構築物と併せて、近現代をたどる上で大事だ。無鄰菴《むりんあん》などの和風建築や近代の庭園の展開も、伝統とその変容を捉える上で見逃せない。この街ならではの建築の要点は他にもたくさんある。しかし、本書では建築家の作品を大いに語ることにした。

現在の日本は、実は建築家で有名な国である。一九七九年に制定されたプリツカー賞は、

「建築界のノーベル賞」とも呼ばれる世界的に権威ある賞だ。日本人でこれまで受賞したのは計八人*で、国籍別の人数で言うと、アメリカ合衆国と並んで最も多い。特に日本の場合は、そのほとんどが国内で学び、経験を積んでいるという特殊性がある。にもかかわらず、国際的に知られた建築家を多数輩出している事実は、国内で続けられてきた建築の系譜が充実していることの証だろう。受賞者たちにも師がおり、ライバルがいる。

建築家と呼ばれる人々が作品を残しているのが京都なのだ。伝統に対峙することによって、それぞれの作風が明確になる。作品に注目することで、建築家の戦いの連なりとしての歴史と、個々人が切り開いていった個性が分かるだろう。それらが保存されたり、リノベーションされたりする行為にも、また歴史がある。京都はその最先端の場所でもあり、過去と今、どう付き合うかを考えさせる。

各時代において京都がどのようなものとして見られていったのか。一三の建築を、それぞれ歴史や観光、消費や継承といったキーワードと絡めることで、近現代という時代全体の推移も分かりやすくつかめるに違いない。「伝統」や地域性は一つではない。今、見失われがちなものに気づいて、未来が面白くなる。近現代の京都は、そんな発見に満ちているだろう……。

少し欲張りすぎたかもしれない。楽しくお読みいただき、京都の近現代建築に実際に足を運びたいと思っていただけたらうれしい。そして、近代以前の建築も含め、今に残るもの、現存しないものを併せた、豊饒な京都の建築への誘いになれば幸いである。

＊丹下健三《たんげけんぞう》（一九八七年）、槇文彦《まきふみひこ》（一九九三年）、安藤忠雄《あんどうただお》（一九九五年）、妹島和世《せじまかずよ》・西沢立衛《にしざわりゅうえ》（二〇一〇年）、伊東豊雄《いとうとよお》（二〇一三年）、坂茂《ばんしげる》（二〇一四年）、磯崎新《いそざきあらた》（二〇一九年）

京都　近現代建築ものがたり●目次

本書は、『愛知の建築』二〇一七年九月号〜二〇一八年八月号（愛知建築士会）に連載された「京都建築家ものがたり」を大幅に加筆・修正したものです。

なお第四章「京都府立図書館」は書き下ろしです。

注記のない写真はすべて著者撮影です。

本書で取り上げる京都の建築
国立京都国際会館
八幡前駅
国際会館駅
三宅八幡駅
宝ケ池駅
上賀茂神社
北山駅
松ヶ崎駅
修学院駅
北大路駅
北大路通
一乗寺駅
叡山電車
白川通
鞍馬口駅
下鴨神社
高野川
賀茂川
茶山駅
元田中駅
同志社大学
同志社女子大学
今出川駅
出町柳駅
今出川通
京都大学
地下鉄烏丸線
鴨川
東大路通（東山通）
千本通
京都御苑
京都府庁
神宮丸太町駅
丸太町通
丸太町駅
平安神宮
二条城
ロームシアター京都
京都市役所
京都市役所前駅
川端通
京都府立図書館
京都市京セラ美術館
南禅寺
二条駅
二条城前駅
御池通
烏丸御池駅
地下鉄東西線
三条駅
三条京阪駅
東山駅
蹴上駅
三条通
京都文化博物館別館
TIME'S
ウェスティン都ホテル京都
大宮駅
阪急京都線
烏丸駅
京都河原町駅
四条大宮駅
四条駅
四条通
東華菜館本店
祇園四条駅
八坂神社
堀川通
烏丸通
京阪電車
河原町通
五条通
五条駅
清水五条駅
清水寺
丹波口駅
本願寺伝道院
西本願寺
東本願寺
七条通
七条駅
京都国立博物館明治古都館
梅小路京都西駅
京都タワービル
東海道線
京都駅ビル
京都駅
東海道新幹線
京都信用金庫各支店は京都府下を中心に各地に所在
東福寺駅

第一章　京都国立博物館明治古都館（旧帝国京都博物館本館）

宮廷建築家・片山東熊

国の重要文化財に指定されている京都国立博物館明治古都館を設計したのは片山東熊《かたやまとうくま》で、彼は「宮廷建築家」と表記されることが多い。そうした役職があったわけではないのだが、分かりやすいので、よく使われるのにも納得する。印象的な呼び名の生みの親は、片山と机を並べ、お雇い外国人のジョサイア・コンドルから国内で初めての建築教育を受けた辰《たつ》野金吾《のきんご》だった。片山が一九一七年に没すると、彼の業績の数々を追憶文にしたため、次のように評した。

要するに博士は、普通の建築家でなく、栄誉ある宮廷建築家であつた、華かな一生を終つた人であつた。建築家としては非常な幸福な人であつたと云うて宜《よろし》からうと思ふのは、世界を通じて建築家として宮殿若くは宮廷に関する物を設計建築する事は無上

京都国立博物館明治古都館の正面

の名誉とするところである。

この京都国立博物館も「宮廷に関するもの」の一つだった。一八九五年に完成した現在の明治古都館は、一八九七年に宮内省が所管する「帝国京都博物館」の本館として開館し、一九〇〇年に「京都帝室博物館」という名称になった。その後、一九二四年に昭和天皇のご成婚を記念して京都市に移管されて「恩賜京都博物館」に変わり、第二次世界大戦後の一九五二年から再び国立の「京都国立博物館」に戻されている。

国家の宝を容れる

建物を見てみよう。煉瓦造の二階建てで、左右対称の横長である。最も存在感があるのが真ん中で、両端部がその次である。屋根は従来の日本建築とは違って、あまり目立たない。手前に軒がせり出し、一面の瓦が黒光りしているわけではないのだ。その代わり、強く迫ってくるのが壁で、屋根よりも壁の印象が勝っている。

軒先に手すりのようなものが見えないだろうか。とっくり型の連続は、古代の西洋建築に範をとったものだが、ここは人が立つことを想定した場所ではない。屋根の形を隠して、下から立ち上がる壁の面を強調するデザインの工夫である。同じ設計者が後に設計し、国宝に指定されている迎賓館《げいひんかん》赤坂離宮にも、同一の手法が用いられている。

カーブを描いた三つのマンサード屋根だけが、そんな水平線の上に突き出ている。真ん中と両端部に存在感を与えて、要所を引き締めているのだ。これと似た形の屋根が、例えばパリにあるルーブル新宮殿に見られる。その工事が始まったのは一八五二年。平民出身であるナポレオン三世は、この年、大統領から皇帝に就任した。絶対王政と呼ばれる力を誇った一七～一八世紀のフランスの宮廷建築で用いられたマンサード屋根のデザインが、当時に建てられた既存のルーブル宮殿に合う形で真似られているのだが、過去の栄光にあやかった屋根の形でもあるだろう。この建物も同様で、確かに「宮廷建築家」と呼ばれる片山らしい。

ただし、これは国家の宝物を容《い》れる博物館だ。その意義を示しているのが「ペディメント」と呼ばれる破風《はふ》である。中央部いっぱいに、三角形の形が取り付いている。本来は木造だった古代ギリシアの建築の屋根に使われた形だが、彼らが最も丹精込めてつくった神殿において、石で神殿を築くようになっても用いられ、神と美を愛する人々だったから、精一杯に美しいバランスに整えられた。古代ギリシア文明は、西洋において永遠の美の古典とされる。そんな彼らが、神を奉じる自分たちの共同体の永続を願い、空高く掲げた形がペディメントである。したがってペディメントは、美と共同体の二つの意味において永遠というもののシンボルとなった。公共的な建物が多く建てられるようになった一九世紀に、ペディメントは多くの図書館や銀行、博物館の正面を飾った。

堂々としたペディメントは、この建物が、人間の一時の栄華のためではなく、不変の共同体の拠《よ》り所として建設されたことを示している。実際、お金や図書のように変わらないものを収容する宝庫なのだから、機能から見ても妥当なデザインである。ただし、その下には三つのアーチが開いて、人間を迎え入れる仕草も加えている。こうした三連アーチは、フランスの邸宅建築で一般的となった正面の作り方で、ルーブル宮殿にも見られる。ただし、このペディメントを支えるかのような柱形と壁を穿つアーチの取り合わせは、古代ローマでつくられた凱旋門《がいせんもん》を参照した形式だ。やはり、実用性以上に、記念碑性を重視したデザインなのである。

同じ片山東熊の設計で奈良国立博物館が開館したのは一八九五年と、京都国立博物館よりも二年早い。左右対称であることなどの特徴は共通しているが、奈良国立博物館のデザインのほうが宮殿的な色彩が強い。ドラマチックな王権の帰趨が歴史を形づくった奈良の時代と、千年の都である京都との違いを反映したのだろうか。

奈良の博物館の正面には櫛形《くしがた》ペディメントがあり、シルクロードを経て伝来した唐草文様で飾られている。それに対して、京都ではペディメントの内側に、具象的な彫刻を施している。左右に浮き彫りにされているのは、工芸の神である毘首羯磨《びしゅかつま》と技芸の女神である伎芸天《ぎげいてん》で、中央に菊花紋章が掲げられている。西洋の建築であれば、古代ギリシアやローマの神々がいるべき位置に、彫刻家の竹内久一《きゅういち》が制作した原型に基づく仏教の神々を三角形の大枠と組み合わせ、左右に翼を広げた建築の要としている。このような直訳ぶりが、迎賓館赤坂離宮などにも共通して、片山らしいのだ。素直な翻訳である。図像自体もそうであるし、小さな彫刻から建築の細部、建物全体までが互いに効果を及ぼし合うように総指揮する者が建築家であるという西洋由来の自分の立場についても。

博覧会と博物館

それにしても、これほどに西洋的な博物館が、奈良と京都になぜあるのか？　そこには古都と博物館に対する考え方の変化が刻まれている。

一八七二年を創設の年とする現在の東京国立博物館は、国立博物館の中で最も長い歴史

ジョサイア・コンドルの設計した東京帝室博物館（『東京風景』〔小川一真出版部、1911年〕より、国立国会図書館蔵）

を持っている。一八七七年、本格的な西洋建築を日本に建ててもらい、またその手法を日本人に教えてもらうために、イギリス人建築家のジョサイア・コンドルが明治新政府に雇い入れられた。彼が来日してすぐに依頼された仕事の一つが、恒常的な博物館の建設だった。一八八二年に煉瓦造二階建ての建物が上野公園に開館した。これが後の東京帝室博物館だが、その関西分館を片山東熊が後になって設計した……のではない。そう捉えてしまうと、京都国立博物館の画期的な意義が見えなくなってしまう。

まずはコンドルの設計した建物のデザインを分析してみよう。左右対称で立派である。立派ではあるのだが、構造を担っている赤煉瓦は、そのまま外観に現されている。柱や梁の形を表面に取り付けたり、屋根の形を隠したりといったことはなく、煉瓦のかたまりとしての壁そのものに存在感を託している。

大きな煉瓦倉庫のような建ち方だ。これは設計者が意図したものだろう。もちろん、本格的な建築家であるからデザインは入念で、中央では一対のイスラム式のドームが目を引き、端から端まで並んだアーチ窓は赤と白の色彩で飾られている。建ち方はおおらかで、威厳に満ちた宝庫というよりは、デザインもサーカスか何かを思わせるのではないか。窓も多く開いていて、全体に多彩な品々が人々に見られるのを待っているといった雰囲気だ。

そんな外観は、中身に対応している。開館した時、一階には美術品が置かれる一方で、歴史的な記念物や自然史の素材も展示されていた。他に図書も陳列されていた。建物の隣には動物を収める木製の小屋もつくられて、敷地内には植物も栽培されていた。この時に開館したのは、後の京都国立博物館のような存在ではなかった。いわば「常設化された博覧会」だったのである。

明治時代の初めには、博覧会と博物館が深く関連していた。コンドルが来日した年に、上野公園で第一回の内国勧業博覧会が開かれた。内国勧業博覧会は、国内のさまざまな物産を陳列し、表彰することで互いの交流と刺激を促して産業の発展に寄与するように開催された、いうなれば国内版の万博である。絵画や彫刻も会場に陳列された。この時までにパリやロンドンで開かれた万博も美術展を伴っていたから、おかしな事態ではない。ただ、明治初めの日本では、産業と美術との距離はいっそう近かった。当時、物産にしても工芸にしても美術にしても、西洋を意識しながら発展させ、売れるようにと変革していく目新しい対象だったからだ。新鮮な見た目で、来場者の目を惹き付ける点も同様だった。

西南戦争が勃発した中でも強行された第一回内国勧業博覧会の反響に手応えを感じ、四年後の一八八一年には、第二回の内国勧業博覧会がさらに規模を拡大して上野公園で催された。建物としては完成していたコンドルの建物が、この時に展示会場の一つとなった。博覧会のパヴィリオンとして用いた後に内部を入れ替え、翌年に博物館として開館したのである。

会期終了後でも来場できる博覧会として当時の博物館を捉えてみると、賑やかで開放的な外観も腑《ふ》に落ちる。コンドルは当時の日本の博物館と博覧会の関係性を受け止め、啓蒙《けいもう》したい為政者と、好奇心を抱く市井の人々を出会わせる意匠を仕立てたと考えられる。状況を受け止め、デザインで解答するのが建築家である。

そんな姿勢をコンドルに学んだ最初の一人である片山東熊こそが、現代に続く国立博物館らしさを、京都と奈良でデザインした建築家となった。こちらは教育や産業にすぐに役立つものから、国家の基盤を保証するものへ、という博物館の位置づけの変化に対応している。少し説明していきたい。

古都の博物館の意義

最初、博物館を所管する省庁は文部省だった。その後、殖産興業を管轄する農商務省に移り、さらに所管を宮内省へと移す準備が、コンドルが設計した博物館が完成した直後から進められ、一八八六年に実現した。

一八八〇年代に皇室の傘下の博物館という構想が急速に実現した背景には、この一〇年間が国家の基盤を整える時期だったことがある。幕府から近代国家に変わったと言っても、相変わらず為政者の側に加わる正式なルートは用意されていないではないか。そんな風に薩摩藩や長州藩のお仲間からなる政権を批判する自由民権運動が高まると、一八八一年に政府は国会を一八九〇年に開設することを約束する。他方で、一八八四年の華族令の公布、一八八五年の内閣制度の創設と、国家制度の整備を進めた。一八八九年には大日本帝国憲法と皇室典範が制定された。この年に創刊された『國華《こっか》』に、岡倉天心は「美術は国の精華なり」と記している。こうして、美術を含む文化が、国家の基盤を保証するものとして制度化される時期がやってきた。

明治初め、イギリス留学の経験などから博物館の必要性を日本で初めて建議し、全国の物品調査を行わせた人物がいる。旧薩摩藩士で、新政府の官僚となった町田久成《ひさなり》である。西洋化を図る上ですぐに役に立つものを希求していた明治初期に、すぐには役立たない、そのうち役に立つかもしれない博物館を求める彼の思想は、時期尚早だったと言える。それでも、勧業的な博覧会と関連させる形でひとまず制度の中に織り込むことはでき、町田は発足した博物館の初代館長となった。文化に属する博物館を時々の実利に左右されずに完成させるためには、皇室財産に組み入れてもらうのが良いと彼は考え、時代と同期させる形で成就させたのが、先に述べた宮内省への移管だった。

博物館は、過去と現在と未来を、物品を通じてひとつながりにする。そうした思想を町田から受け継ぎ、具体化させたのが官僚の九鬼隆一《くきりゅういち》である。彼もまた明治初年から、社会の混乱で荒廃にさらされていた日本の美術や工芸の現状を憂いていた。一八八八年二月、九鬼は宮内省の傘下に入っていた博物館の差配を任され、すぐに京都や奈良など関西の二府三県の寺院や神社が持つ美術類の調査を岡倉天心らと始める。数か月で得られた成果を携え、臨時全国宝物取調局を発足させて、大規模な調査を全国に広げた。これと並行して、京都と奈良に博物館を新設して三館体制とする構想を固め、一八八九年五月の帝国京都博物館と帝国奈良博物館の設置決定に至らしめる。時宜を得た矢継ぎ早な行動で、博物館と国家基盤の整備を関連づけたのだった。

同じ博物館という言葉を使っていても、京都と奈良における博物館の設置こそが重要だ。かつてのような博覧会との関わりを完全に断ち切ったスタートなのだから。東京の分館や支局のようなものではないのだ。日本の文化の中心地であり、その美術や工芸の存在を調べ、保護し、研究する地にふさわしい京都と奈良に、最先端の機構が設立された。それは、かつて東洋の文化を大規模に導入し、国家の基盤を整えるという一大プロジェクトの一里塚となった平城京が所在した奈良と、長く天皇の居所であった京都に、西洋の文化を導入する中心である東京の存在を支えるという文化的に固有の意味を与えるのにも大きな役割を果たした。博物館に冠する名称は一九〇〇年に「帝国」から「帝室」に変わった。これも国の施設ではないことを強調するためだった。今に役立つことからも超然としているからこそ、時の経済や政治から独立して、物は今の在り方を確かにする。実利ではないから良いのである。美術も、そして建築も。

元老との縁

片山東熊は、このように新たな意味が与えられた博物館を、具体的な形にできる人物だった。真の「宮廷建築家」なのである。それはどういうことか。

片山は一八五四年に今の山口県萩市に生まれて工部大学校に入学し、コンドルから建築学を学んで、辰野金吾や曾禰《そね》達蔵《たつぞう》らと共に一八七九年に第一期卒業生として卒業した。その後は、工部省に勤務してコンドルの設計による有栖川《ありすがわ》宮邸の建築工事に従事するなどし、一八八二～八四年にはロシア皇帝アレクサンドル三世の即位戴冠式に参列する有栖川宮熾《たる》仁《ひと》親王に随行して、初めての渡欧を果たす。その際に調達したインテリアによって有栖川宮邸を完成に導いた直後、一八八四年に工部省を辞し、日本人が設計した初の在外公使館である北京公使館の設計や、皇居の和風宮殿の内装に関わるなどした後、一八八八年に宮内省内匠寮の技師に就任した。

内匠寮は皇室財産や宮廷に関わる建設工事を受け持つ部署として、一八八五年に前身組織を拡大して設けられていたが、構成する技術者は京都の棟梁の出身者など木造建築の専門家がほとんどだったので、まだ三〇代前半の片山は入ってただちに上席の地位を占めた。その後も順調に出世し、一九〇四年には内匠寮の最高ポストである内匠頭となって約一〇年勤め上げ、宮中顧問官に転じて一九一六年には勲一等旭日大綬章を授与されたから、まさに辰野金吾が評していた通りに「華かな一生を終つた人」だ。

片山の人生がこうした特別ルートを辿った背景には、明治時代から大正時代の政界に多大な影響力を有した元老・山県有朋《やまがたありとも》との縁故がある。一二歳で長州藩の奇兵隊に入隊し、一八六八年の戊辰戦争では兄たちと共に山県有朋が率いる倒幕軍に従軍した片山は、一八七二年の山城屋事件と呼ばれる疑獄事件において陸軍中佐を務めていた長兄の湯浅則和が山県有朋をかばう形で辞職して、彼の政治生命をつなぎとめたことによって、義理堅い山県から一層引き立てられることになったのだ。加えて、皇居の和風宮殿を設計していた時の宮内大臣は同じ長州閥の伊藤博文だった。宮内省とのつながりはそれに由来する。もちろん、託された役目に応える技量が片山になかったら「無上の栄誉」は手にできなかっただろう。一八九〇年に帝国京都博物館と帝国奈良博物館の設計が内匠寮に託されることになった。片山は習得した洋風建築の力量を個人で発揮する機会を得た。特に帝国京都博物館は宮内省の直営工事となったため、現場に指示する図面の作成など、細々した事柄も面倒を見ることになった。

設計は一八九〇年末に始まったが、詳細図面の作成に時間が必要となり、一年半にも及んだ。一八九二年六月に起工し、当初、一八九五年に京都で開催される第四回内国勧業博覧会に合わせて開館することが期待されていたが、煉瓦製造や石材調達の遅れから工事が長期化し、一八九七年五月一日に開館を迎えた。結果的には、別個に人々の前に現れたことが、博覧会と博物館がすでに別物であることを伝える上でも一役買ったかもしれない。

日本美術史を空間化

このようにして片山が念入りに仕上げた建築は、どのような機能を果たしたのか。開館翌日の新聞記事を通じて、一八九七年五月一日の内部に潜入しよう。三連アーチの入口でなく、実際には裏手から入場させられていたことが分かる。

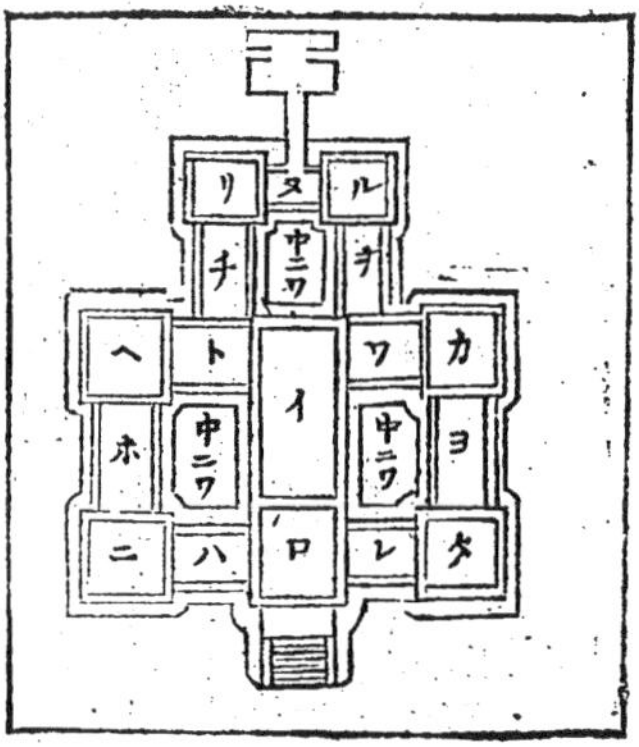

開館当初の帝国京都博物館内部の平面図

門を入れば輪奐《りんかん》壮麗、彼方に高く聳《そび》え〈中略〉観覧人の昇降は玄関より許さず、館の裏手、即ち東に当りて出入の口を設けたり〈中略〉館に入れば本紙挿入の平面図の（ぬ）の室なり、されどここには便利の為いろはの順に従ひ陳列の梗概《こうがい》を述ぶべし

（い）室は即ち美術部の彫刻にて仏像多し、山城相楽郡浄瑠璃寺《そうらくぐんじょうるりじ》の九品《くほん》阿弥陀仏を始め、九体の仏像金色煌々として場内に輝き、運慶作の広目天《こうもくてん》、増長天《ぞうちょうてん》等の古木像〈中略〉

（は）室には螺鈿《らでん》、堆朱《ついしゅ》の器具あり、高台寺《こうだいじ》の椅子は蒔絵《まきえ》の模範たるべし、勧修寺《かじゅうじ》の繍曼荼羅《ぬいまんだら》、亦た有名の品たり

左右対称であることは館内の部屋の配置にも徹底されていて、最も目を引くものが中央の大展示室に展示されている。正面から見える中心軸は、建物の中にも貫かれているのだ。陳列されているのは、建築の周囲から運び込まれた品々である。真ん中に位置している

のは、摂関期の浄土信仰を伝える浄瑠璃寺の九品阿弥陀仏と木造四天王立像で、現在は国宝に指定され、広目天が東京国立博物館、多聞天が京都国立博物館に寄託されている以外は、京都府木津川《きづがわ》市の同寺に戻されている。京都東山の高台寺から持ち込まれた高台寺蒔絵と、京都山科の勧修寺の「刺繍釈迦如来説法図」は工芸的な名品として同じ部屋に並べられ、現在は前者が重要文化財に指定され、国宝である後者は第二次世界大戦後に国有となって、奈良国立博物館に展示されている。

それぞれに由緒を持ち、ばらばらに寺院などが保持していた宝物は、歴史的・美学的な視点から物として調査され、それが位置していた環境から切り離されて、編年的に再編される。京都国立博物館は、調査・研究、収集・保管、そして展示・教育といった一連の博物館の機能を満たす機関として稼働し始めた。新聞記事からは、当時の博物館の内部空間が、編成されつつある日本美術史を現在進行形で実体化したものだったことが分かる。大事な物品を失わずに、日本の歴史として編み直そうとした時、京都は最も大事な中心地だった。ここに博物館が建設されたのは、そのためなのだ。

西洋建築の核心をつかむ

その外観はどうであらねばならないのか。「宮廷建築家」とは、優美な設計を行う建築家ということではなさそうだ。片山がルイ一四世の時代を中心としたフレンチ・ルネサンスを好んだとは辰野も許していることだが、「後期のロココスタイルは非常に嫌われました」と、かつての部下は述べている。

片山の設計手法とはどのようなものだったのか、続けて回想してもらおう。「その建物の構想がまとまると、だいたいのアウトラインを鉛筆でスケッチされてこれを渡される」。スケッチで大体の構成を示して、「図をみると、これがなんの建物かということがわかるようにそれらしくするということが、まずいちばん大事だとしじゅういっておられました」。当時の片山は内匠頭、要するに長官であるから、通常は机にいて書類を決裁する役にもかかわらず、暇さえあれば製図室に来て、図面の細かいところまで確認するのが楽しそうだったとも述べているが、その上で細部の遊びを嫌い、総体の骨格を重視したという証言は、京都国立博物館の特徴に合致する。個々の装飾以上に、全体の構成に意義があるのだ。

片山は単に、西洋風に着飾った建物をデザインしたのではなかった。正門は西側の大和《やまと》大路《おおじ》通に面している。脇を固める門衛所も正確に左右対称で、中心は向こうに見える建物の真ん中とぴったり合っている。煉瓦と石による見た目も、本館と呼応している。正門から見渡せる空間は、強固に統合されている。間の広場の形も噴水も木々も、それまでの京都とは異なる秩序を打ち立てることに貢献している。外部も含めた空間の全体を設計し直

京都国立博物館正門から大和大路通を見る

しているのだ。

京都国立博物館は、個人による設計の最初期から西洋建築の核心をつかみとっていた片山の才覚を教える。彼の捉えた中心は、建築とは物による空間の支配だということだろう。設計によってそれを達成する上で何よりも重要なのが、構成だ。構成は堅牢な構造によって成就し、装飾を通じて引き立てられ、機能は収められるべき要件である。

これによって実現されるのが、権威の実体化である。言い換えると、過去から現在、現在から未来を通して、変わらないものがあるように思えるということ。京都国立博物館は、新たな軸線を引くことを中心に、それを達成している。ペディメントが持つ、あるいは凱旋門やマンサード屋根がまとう過去からの連想効果や形態の心理的効果は活用されている。ただし、あくまでも最上位にあるのは、構成だ。装飾の吟味も、入念な工事監理も、物を通じて、物を超えるものを感取させるためにある。

歴々とつながる「日本」を、新たに近代的・西洋的な研究手法によって再編成するプロジェクトの現場であることを内外に示すのにふさわしく、軸線は建物の内部から敷地の外部までを貫いている。これが敷地が以前に持っていた意味とは無関係であることに注意したい。異なる文明の理解に基づいた、今に役立つことから超然とした物によって、新たな統合の基準線が引かれ、その中心には皇室がある。

遠くからの目線で捉えれば、これは約一一〇〇年前、中国文明を手本にして幅約八五メートルもの朱雀《すざく》大路を平安京の中心に通したのと同じ軸線である。すなわち、片山東熊とは、日本における過去の歴史の中に類例がなく、同時に繰り返し必要とされる人物なのだ。近現代の京都は、国の歴史を編み直す要地として定位された。京都国立博物館明治古都館ほど、このことを体現する建築はない。

表面の飾り立てを超えた建築の力を理解した片山は、以後も、表慶館や迎賓館赤坂離宮などの造営を通じて、国というまとまりの実体化に貢献していく。それは制度の下で忠実になされる働きである。「宮廷建築家」とは、皇室という機関に対して誠実な建築家であって、個人としての天皇や自らの姿は、制作物の中に現れるものではない。そうした姿勢が自身の心情と相容れないものだからこそ、辰野金吾は「宮廷建築家」という言葉で的確に形容し、その役割に最大の賛辞を送ったのだろう。

第二章　京都文化博物館別館（旧日本銀行京都支店）

近代都市としての京都

京都・三条通にある旧日本銀行京都支店は、まるで一九八〇年代に流行したポストモダニズム建築のように目に映らないだろうか。もちろん、これが日本建築界の父・辰野金吾の設計で一九〇六年に竣工した建物であることを私たちは知っている。京都支店としての役割は、支店が河原町二条に移転したために一九六五年に終え、建物は財団法人古代学協会に譲渡されて一九六八年に「平安博物館」として開館した。一九六九年には国の重要文化財に指定された。貴重な明治の建築であるという価値が確定したわけである。一九八六年に京都府の所有となり、念入りな保存修復工事を経て、一九八八年から「京都文化博物館別館」となった。

現在、煉瓦造二階建ての建物内の吹き抜けの営業室はホールとして演奏会や講演会などに使用され、その両脇に位置する元の文書課室や所長室などは店舗スペースに活用されて

京都文化博物館別館内部の営業室

いる。それらを抜けた裏手にある金庫室には喫茶店が入り、二棟の煉瓦造の建物にはさまれた中庭と共に憩いの空間が生まれている。オリジナルの状態に修復された外観や内部が、三条通の今風のカフェやショップといった活気の中にあって、約一一〇年前の建築がどのような作り方をしていたのかを教えてくれる。
そんな明治の重要文化財を、歴史的な要素に大衆的な操作を加えて商業建築を中心に一時期もてはやされた「ポストモダニズム建築のように」などという軽薄な言葉で表現したのはなぜか。まずは建物としての概要を述べよう。日本銀行は紙幣の発行を行い、物価と金融システムの安定を目的に設立された日本の中央銀行である。一八八二年一〇月に本店が東京に開業し、同年一二月に大阪支店が設立された。当初の京都支店は京都出張所という名前で、一八九四年四月に開設された。

「出張所」の名は小規模なものを連想させるが、実際はそうではなかった。京都出張所は三〇名の人員で発足した。この人数は、すでに設けられていた一八九一年四月開設の岐阜と和歌山、一八九三年四月開設の札幌と函館と根室の出張所を上回っていた。一八九三年一〇月に開設された門司《もじ》（当初は下関）の西部《さいぶ》支店の一四名よりも多かった。業務面でも、開設の翌年には貸付・割引業務を開始するなど、京都出張所は支店に匹敵する規模で開設されたものなのである。

このような店舗が、すでに関西には大阪支店があるにもかかわらず設けられたことは、維新の動乱や東京遷都で打撃を受けた京都が、一八八〇年代に繊維産業や窯業《ようぎょう》をはじめとして近代産業への転換と新分野の開拓を進め、資金の動きが活発な近代都市に成長した事実を映している。平安京建都一一〇〇年を記念し、翌一八九五年に岡崎公園で開催された第四回内国勧業博覧会は京都の近代産業化の一里塚となり、観光都市としての起点にもなった。一八九七年には東京に続く帝国大学として京都帝国大学が開設され、前章で述べた帝国京都博物館（現・京都国立博物館）も開館する。京都出張所は民家を改装した仮店舗で開業したが、いよいよ本格的な建物を建てる時がやってきた。一八九〇年九月に起工した日本銀行本店、一八九八年一月に起工した大阪支店に次いで、東京帝国大学教授の辰野金吾の設計で一九〇三年九月に起工。一九〇六年六月に竣工し、一九一一年六月に京都支店と改称されたのが、現在の京都文化博物館別館である。

独特の浮遊感

しかし、この形が帝国大学教授の設計した中央銀行の支店建築にふさわしいかというと、判断に迷うのだ。京都が中央につながり、近代の体系の中で機能していることの象徴なのだから、もっと率直に階層関係を表現しても良いのではないか。建物の形態によって、独自の機能を果たす一部分として全体システムの中に組み込んでもらえたことを告げる。それが正統なやり方だろう。

例えば本店の設計を踏襲して、支店であることを明確に示すと分かりやすい。建物全体のデザインを禁欲的に統制することで、部分が遊んだりしない機構としての信頼感を醸し出すのも上策だ。中央銀行というシステム自体、当時の列強に由来したものだから、西洋における銀行の複製のように設計するのもヒエラルキーの出どころが明らかで、間違いない。

日本銀行本店と大阪支店については、以上のような方向性をおおむね満たす。西洋の銀行の建物で広く用いられる古典主義を採用し、オーダーと呼ばれる古代ギリシア建築における柱の下部から軒までの形と比例関係の定式に従って、外観を整えている。全体から各

三条通（左の道）に面した京都文化博物館別館

部、各部から細部へというデザインの入れ子構造は容易に見て取れる。

だが、ここではそうなっていないから、不思議なのだ。帝国大学にあって西洋建築を移入するという責任を担い、これ以前に日本銀行の本店や大阪支店を設計している設計者にもかかわらず、この旧日本銀行京都支店が備えている浮遊感は何だろう。

三条通を歩いて体感できる壁面の賑やかな凹凸が、まずそうである。全体は確かに、左右対称という定型を守っている。各部は過去の西洋建築の要素の組み合わせだ。だが、この建築から感じられるのは、構成の原理以上に、部分の自律性ではないか。各部は、日本銀行というシステムや建築総体のまとまり、あるいは西洋原理の国際社会といった「全

京都文化博物館別館の入口

体」に奉仕する一部であることを超えて、私たちに訴えかけてくる。感覚に飛び込んで、理性によって収める場所を完備することができない類の印象を残す。建築という実体の一部から発したそれは、歴史的な文化財という観念の檻《おり》で囲われることなく、ストリートを行き交う人に軽やかに働きかけている。

中心に構えて全体を統率すべきだろう玄関さえ、浮き立っている。次第に高められた印象が中央部でクライマックスに達するような構成上の中心ではなく、壁面の凹凸と同等の突出となっている。玄関部が目立つのは、赤煉瓦の壁に対して灰色の花崗《かこう》岩が主体だということもあるが、意匠の役割も大きい。これを古典主義建築の言葉で、カップルドピラスター（二本セットの付け柱）の上部がブラケット（持ち送り）型になり、コーニス（軒蛇腹の突出部）を介してアーチを支持している、とは言える。だが、入口の左右でカーブを描いて前方に伸び、上の半円形を支えている形は、構築的に支える重厚感に奉仕してはいない。各部が独立している感覚は、こちらは重々しいアーチの左右の装飾や、その上部で吊られたような窓枠などによって、いっそう強調されている。

旧京都支店は、同じ辰野が以前に設計した日本銀行の本店や大阪支店に似ていない。感じられるのは全体の一貫性ではなく、各部のデフォルメやアレンジだ。そこに海外の何かの建物になろうという方向性を見出すことはできない。しかも、過去に立ち返るのか、未来を切り開くのか、そのどちらであるかもはっきりしない、歴史の中でも浮遊した存在となっている。設計者は何を考えていたのだろう。

日本銀行の建築家

こうした浮遊感が、建物への親しみやすさを生んでいるのは事実だ。日本銀行京都支店は「辰野式」の最初期にあたる。辰野金吾が設計した東京駅（一九一四年）のような、赤煉瓦に石の帯をまわした特徴的なデザインがこう呼ばれる。その第一作は一九〇五年七月に竣工し、現存しない東京火災保険会社の本社屋だ。竣工は日本銀行京都支店より一年早いが、起工は東京火災保険会社が一九〇三年八月、日本銀行京都支店が同年九月とほぼ変

日本銀行名古屋支店（日本建築学会「建築雑誌」より）

わりない。二作品は並行して試みられた、それまでの日本銀行の本店や大阪支店とは異なる意匠への挑戦と見て良いだろう。

これ以後、辰野金吾が手がけた建築のほとんどは建築種別や立地と無関係に「辰野式」のデザインとなる。先の東京駅の他、福岡市赤煉瓦文化館（旧日本生命保険株式会社九州支店、一九〇九年）や岩手銀行赤レンガ館（旧盛岡銀行、一九一一年）が国の重要文化財に指定され、ランドマークとして愛されている。赤煉瓦に横に走る石の帯が壁面を分割し、重厚さを和らげていることは大きいが、それだけでなくアーチやドームなどが賑やかに取り付き、細部を抽象化したことによる浮遊感も「辰野式」の特徴であり、親しみやすさに寄与している。

こうした特徴は赤煉瓦ではない、和風の奈良ホテル（一九〇九年）やアール・ヌーヴォーを取り入れた北九州市・戸畑《とばた》の松本健次郎邸（一九一二年）にも共通し、それ以前の日本銀行の本店や大阪支店にも見られるものだが、そんな「辰野式」という明快なスタイルをとった最初期の現存作が旧日本銀行京都支店なのである。

そして、実はこれは双子の片割れだ。同じ一九〇六年六月に日本銀行名古屋支店が竣工した。場所は現在の名古屋市中区・栄交差点の東北角で、先ほど取り上げた玄関部を含む外観も平面構成もほぼ等しい。

辰野金吾は日本銀行の建築家でもあった。日本銀行本店（一八九六年）と大阪支店（一九〇三年）の間に、北九州市・門司に日本銀行西部支店（一八九八年）を設計しており、こちらでは隅のドームを目立たせる、屋根上に小窓を並べるといった後の「辰野式」に通じるデザインを試みている。一九〇二年に東京帝国大学教授を辞官し、一九〇三年に辰野葛西事務所を東京に、一九〇五年に辰野片岡事務所を大阪に開設した後は、日本銀行には工事顧問という形で関わり、教え子の長野宇平治《ながのうへいじ》が実務を行った。それでもデザインが辰野の指示に基づくことは、以後の広島支店（一九〇五年、完成当時「出張所」）、京都支店（一九〇六年、完成当時「出張所」）、名古屋支店（一九〇六年）、金沢支店（一九〇九年、完成当時「出張所」）、函館支店（一九一一年）、小樽支店（一九一二年）、福島支店（一九一三年）

が、後の長野宇平治の古典主義的な設計と隔たっていることから明らかだ。ただ、以上のうち、赤煉瓦に石の帯という典型的な「辰野式」であるのは、京都支店と名古屋支店だけで、あとは福島支店がやや似る以外、日本銀行の支店らしい抑制が見られる。

「辰野式」の始まりである旧日本銀行京都支店（と名古屋支店）の姿からは、辰野が官職を辞し、民間に建築設計事務所を開設するにあたってのデザインポリシーを、日本銀行の設計という機会を利用し、世に打ち出したことがうかがえる。辰野金吾は自分が社会に投げかけるデザインを重視した、建築家なのだ。ただし、その奥にどのような思想があったのかを、彼は明治人らしく寡黙にして語らない。建築そのものが発する声に耳をそばだてるべきはきっと私たちのほうだろう。

三条通の特異性

建物が立地する三条通から考えてみたい。江戸時代の三条通は、三条大橋が東海道の起点としての役割を果たしていたことから、京都の中で最も往来が盛んな場所となった。京都が明治初期の衰退を乗り越え、都市として前進を始めると、銀行や保険会社、郵便局といった近代社会に必要となった諸施設が、煉瓦造で建てられ始める。商店の中からも洋風建築へと衣替えするものが現れる。そのような繁栄が、大正時代以降に道路を広げ、路面電車を敷設するといった大改造を困難にし、京都のメインストリートとしての地位は他所に奪われていった。こうした経緯が、古い建物と以前の通りのスケールを残すこととなった。今では和と洋、新と旧が混在する中で、わざわざ訪れたくなる個性あるショップをそぞろ歩けるエリアとして人気を博している。

旧日本銀行京都支店が面しているのは、今も昔も、歩行を中心としたストリートなのである。したがって、構成が左右対称であることはあまり意識されない。それよりも、歩くにつれて変化する建物の抑揚が感じられる。建物と通りとの関係は、人通りが多くはない通りに面した東京の本店とも、前面の御堂筋《みどうすじ》が大きく拡幅されて当初とは異なる建ち方となった大阪支店とも違っている。

このように建物が通りの境界を面として立ち上げる関係は、江戸時代までの日本にはなかった。建築の外壁は都市の姿を決定するものだからこそ、橋やトンネルのようなインフラと同じく煉瓦や石でしっかりと構築される。都市の美観に寄与するものが目指される。辰野はこうした考え方を、お雇い外国人のジョサイア・コンドルに学んだ。その後のヨーロッパ留学を通じて、身をもって感じたはずである。

今も旧日本銀行京都支店は、ぬっと現れるような異物感を備えている。三条通の道路幅が以前のままで、高い建物も建っていないためだ。建物は見た目が変わっているだけではない。日本の伝統とは異なる外壁の連続が、通りを歩く人間に働きかける。約一一〇年前に完成した時も同様に、視覚的な新奇性に終わらず、人々の身体感覚を揺るがせたことだろう。新たな都市との関係性を備えた建築が、それまでの街の中に姿を現したことが、いかに斬新なできごとであったのかを追体験できる。

　こうしたことは、もし第二次世界大戦中の空襲や京都への投下が計画されていた原子爆弾によって街が焼き払われていたら、不可能だったろう。壊滅したり、変化した多くの都市の人々にとっても、当地に残っている環境は過去への想像力を増してくれる。京都はその特有の立場から、日本全国に貢献している。それは江戸時代以前だけに留まらない。

　そして、外壁に施されたざわめきのようなデザインは、現在の三条通の賑わいに対応して見える。壁の凹凸が人間のスケールに合っている。求心的でない構成も、街に溶け込むのに効果的だ。デフォルメされた各部はレトロでかわいらしい。

　ただし、こうした親しみやすさを当初から備えていたかは疑問だろう。明治建築の破壊が相次ぎ、一部の有識者が反対運動を始めていた一九六〇年代後半に、何とか残されて文化財指定された。銀行から博物館、市民施設へと使われ方が開かれていった。三条通が一周回ってレトロなエリアとして注目され、街並みを維持しながら活性化された。その後の出来事が重なった結果、今、そうした関係になっているとみたほうが正確には違いない。

世の中を変える個人

それでも、この建築の姿には、国家としての制度や体裁よりも、もっとしっかりと持続するものを近代化の立脚点と捉えた設計者の思想を見ることができる。持続するものとは、第一に人々が行き交う都市であり、第二に経済活動であり、第三に個々人の思いである。建築家はそれに貢献する職能でありたいと辰野は考えた。

イギリスに留学し、渋沢栄一とも親しかった辰野は、西洋と対等に付き合える国であろうとした時になくてはならないのが、国家としての制度や体裁であることは言うまでもないが、それ以上に、個人の挑戦であることはよく分かっていたに違いない。自分が正しかろうと思ったことを実行できる空気や、後押しする仕組みがなかったら、個人の活力が世の中を変えることはない。失敗するかもしれない挑戦が、経済をまわし、文化を進め、より多くの人を幸せにする。西洋の強みは、このような思想を育てたことにある。日本もそうでなくてはいけない。

そう考えて、福沢諭吉は『学問のすゝめ』を大衆に届けて学校をつくり、渋沢栄一は株式取引所を開設するなど経済の中心地として計画した兜町《かぶとちょう》に本邸を構え、それを設計した辰野は東京帝国大学を中途で辞し、民間の建築設計事務所を開いたのである。

裏手の中庭から目にする壁面の構成

そんな建築家の作品が、現在の三条通の活気と呼応し、人々の心をつかんでいる事実は偶然では片付けられないだろう。

先に触れた通り、日本銀行の京都支店と名古屋支店は同一の設計で完成した。「辰野式」はその後、さまざまな機能を持つ全国の建物に適用される。辰野という建築家は、依頼を受けた建物の場所性や用途よりも、自分のデザインを優先したのだ。自分が正しかろうと思った選択を打ち出し、人々が現実に関係する都市の姿を確定しようとしたのである。前章で触れた片山東熊の生き方とは実に対照的だ。

その結果、歴史的な要素は親しみやすさを帯び、建築は民間の賑わいを受け入れるものになった。京都文化博物館別館は、旧日本銀行京都支店であることを超えて、常に生業が更新されることで日本最古の都市であり続けてきた、京都の市中にふさわしい建築となっている。

第三章　本願寺伝道院（旧真宗信徒生命保険株式会社本館）

門前町の「世界」建築

巨大な屋根の御影堂《ごえいどう》や阿弥陀堂、国宝である飛雲閣など、威光を伝える建物に事欠かない西本願寺だが、門前町を東に進もう。そこに本願寺伝道院（旧真宗信徒生命保険株式会社本館）が現れる。丸いドーム屋根は周囲の仏具店の瓦屋根から際立っている。煉瓦の壁も木造建築と対照的である。

第一章では、日本で建築教育を受けた第一期生である片山東熊が設計した京都国立博物館明治古都館（旧帝国京都博物館本館）を取り上げた。正面の三角形のペディメントの内側に東洋的な彫刻が施されているが、その主題が西洋の装飾モチーフの直接的な翻訳であることも含めて、建築の全体が西洋のルールを移植することの明快さに裏打ちされていた。

前章では、同じく第一期生である辰野金吾の設計による京都文化博物館別館（旧日本銀行京都支店）を扱った。こちらは東京帝国大学教授という規範的な振る舞いが求められる

仏具店が軒を連ねる正面通に面した本願寺伝道院

立場を離れ、民間の建築設計事務所を主宰し始めたばかりの辰野が、近代日本の街中にあるべきだと考えた建ち方をデザインしたものだった。西洋の原理に忠実だったり、ヒエラルキーの表現だったりする単純さを超えて、明快でない未来に踏み出している。よく言われるように、辰野は日本に西洋建築を定着させた最大の功労者である。それを可能にするために必要な意匠や構造、施工、教育システムなどの全般を見定め、軌道に乗せた。他方で意外に、不確実な理想を言語化できない意匠に託した建築家であるのだ。

もちろん、彼の不徹底さを批判することはできる。結局、西洋人が準備した道具箱の中から、要素を組み合わせているに過ぎないではないかと。あるいは言語化できない意匠を、それでも言語化しようという格闘を放棄しているではないかと。だから、個人を超えた受け継ぎが生まれないではないかと。それに対して「建築」は抽象的な問題を含むものであり、西洋的というよりも世界的なものだとして、近代の日本で、西洋から与えられた意匠の組み合わせの外に意識的に出ようとし、そうした新しい設計行為を言語で正当化することに先鞭《せんべん》をつけた人物がいる。本願寺伝道院の設計者、伊東忠太《いとうちゅうた》だ。

設計者について語り始める以前に、本願寺伝道院が西洋建築の枠の中に収まらないデザインであるのを確認しておきたい。ドームを支えている柱には、仏教寺院のような組物が載っている。柱の間には複雑な曲線を持つイスラム風の窓が開いている。まわりには、擬宝珠《ぎぼし》付きの欄干が見える。

赤煉瓦の壁には、ところどころに花崗岩の白い帯が走る。窓枠もやはり花崗岩でできていて、壁面のアクセントになっている。ベースになっているのは、クイーン・アン様式である。一八六〇年代半ばのイギリスに現れ、一八八〇年代まで流行した折衷《せっちゅう》的なスタイルだ。伊東はさらに折衷を加えた。ドームはインドのイスラム建築風となり、オーダーには仏教寺院の要素が混じり、ペディメントは反りのある破風に変貌した。窓は多弁型や馬蹄型のアーチで彩られ、アジア風、日本風のデザインが細部に応用されている。

裏手から六角形の塔が見える

斗栱が用いられ、曲線で飾られた玄関のアーチ

建物は、二つの塔を持つ。平面が八角形のものと、六角形のものだ。交差点に面した八角塔の頂部に、先ほどのイスラム風ドームが載っている。その一階部分が入口である。イスラム風アーチと飛鳥様式の人字型割束《にんじけいわりづか》を組み合わせた形をしている。六角の塔は、そのちょうど裏側にある。二階部分は出窓になっている。その下には、見慣れない形の柱頭が

ある。イスラム建築のスタラクタイト（鍾乳石状装飾）に触発されたものだろう。

内部も趣向が凝らされている。玄関とその奥の大きな部屋との境には、ペルシア風の柱が立ち、曲線を駆使した装飾で彩られている。階段の手摺りや天井などにも、アジアのデザインが盛り込まれている。

入口の両脇には一対の妖怪。伊東忠太が創作した形だ

もう一つ、見逃せないのが、建物の周囲にある妖怪の石像だ。車止めの柱の上に、羽をはやし、くちばしを伸ばしたり、口を開けたりした丸っこい生き物がいる。伊東の設計した建築にはしばしば妖怪が取り付いているが、これはその最も早いものとなる。

建築史家にして実作者

伊東は一八六七年に米沢《よねざわ》藩座頭町（現在の山形県米沢市）に生まれた。東京外国語学校独逸《ドイツ》語科を卒業後、一八八九年に帝国大学工科大学造家学科に入学した。

一八九二年の卒業後は大学院に進学して「法隆寺建築論」を発表する。奈良の古刹《こさつ》を建築として論じた最初の文章であり、日本建築史学はここに始まったとされる。同じ年には一八九五年に京都で開催される平安遷都一一〇〇年記念祭の一環として、平安京大内裏朝堂院の復原事業を任され、現在の平安神宮を完成に導いた。一八九六年には内務省に新設された古社寺保存会の委員となり、以後は文化財の調査・指定で重きをなした。一八九七年に東京帝国大学講師、一八九九年に同助教授に就任し、一九〇一年刊行の『稿本 日本帝国美術略史』を分担執筆して、日本建築の通史を最初に完成させた人物となる。

一九〇五年には東京帝国大学の教授に昇進し、以来一九二八年の定年退官まで建築史を講じた。早稲田大学や東京工業大学などでも教鞭をとったから、伊東に教えを受けた者は多い。一九二五年に帝国学士院、一九三八年には帝国芸術院の会員となり、一九四三年には建築界で初めて文化勲章を受けた。西洋で建築が国を代表する芸術の一つに位置づけられているのと同じように、日本やアジアにも語るべき建築の歴史があるのだということを、研究を通じて主張し、社会に認められた王道の学者だ。

しかも、彼は過去を研究するだけでなく、自ら多くの建築を設計している。インド様式の寺院として知られる築地本願寺（一九三四年）、東洋風の外観とバシリカ式の内部を併せ持つ東京都慰霊堂（一九三〇年）、個性的な妖怪にあふれた一橋大学兼松《かねまつ》講堂（一九二七年）などがよく知られる。

世界の建築を体感した建築家

戦前を代表する建築学者である伊東忠太と、独創的な建築家としての伊東忠太。両者の結節点となるのが、一九〇二年から一九〇五年にかけての世界一周留学だ。当時、伊東は東京帝国大学の助教授であり、教授昇進のためには官費留学の経験が必要とされた。行き先は近代日本の範とされた西洋にほぼ決まっており、大学に籍を置いて、博物館や図書館に出入りして戻ってくるのが慣例だった。しかし、伊東は留学の打診に対して、自分は東洋に赴き、書斎ではなく、実地から学びたいと回答する。当然、文部省の役人らは難色を示す。それを一年がかりで説き伏せ、帰路にヨーロッパを通るという条件付きで、世界一周のフィールドワークが認められた。

中国大陸から、インドシナ半島に入って、船でインドに渡り、トルコ、エジプト、シリアなどを歴訪し、ギリシアからローマ、パリ、ロンドンといったヨーロッパの主要な都市を訪れた後、大西洋を渡ってニューヨークへ。そこからカナダを横断して帰国した。

世界のありようを自分の身体で捉えたこの留学で、伊東はそれまで知られていなかった中国の遺跡を発見し、アジアが多様であることを理解し、イスラム建築の豊かさに感銘を受け、西洋中心主義的な建築思想に反発し、アール・ヌーヴォー後のデザインやアメリカ建築の隆盛といった新たな動向が生まれつつあることを知った。

一九〇八年に講演した「建築進化の原則より見たる我邦建築の前途」は、こうした世界一周留学の成果を整理し、建築創造の理論としたものだ。日本の将来の建築は、西洋の単なるコピーでも、江戸時代までの日本建築の墨守でも、機械的な折衷でもあってはならず、日本を本位とした「進化主義」に基づくべきだと説いた。

伊東の言う「進化主義」の建築が日本の伝統建築の形を石造やコンクリート造に写し変えたようなものでないことは明らかだ。論の中で伊東は、過去の日本建築を「美しい毛虫」にたとえている。確かに美しいかもしれないが、しょせんは地を這《は》う毛虫に過ぎないと示唆し、そこから美しい蝶が飛翔するためには、さなぎのような過渡期の混乱も何ら厭《いと》うべきではないと言う。「進化」という言葉は、継承と変質を併せ持つこうしたイメージを容れる言葉として選ばれている。自らの建築設計も、その過渡期の挑戦の一つに位置づけた。

過去の日本でも、近代の西洋でもなく、「近代日本」の建築はどうあらねばならないか。伊東は自らの足で世界をめぐり、眼で観察し、手でスケッチし、頭で要約することを通じて、その答えを出そうとし、実践を通じて世に訴えていったのだ。

一九一二年四月に真宗信徒生命保険株式会社本館として落成した本願寺伝道院は、留学から帰国して最初に実現した建築の実作である。この生命保険株式会社は西本願寺の後援によって、一八九五年四月に開業した。幕府の保護を失った明治以降の寺院は、過去の中に近代化とすり合わせが可能な事物を見つけ、生き残りをかけて自らの位置を再定義していく。

本願寺伝道院は近代にあるべき姿を求めた仏教と、近代にあるべき日本の建築のスタイルを模索した設計者が出会って誕生した、当時においても類例のない建築だ。生命力あふれる折衷様式は、古今東西の妖怪を組み合わせた車止めの装飾にも共通している。伊東の思想を最初に建築として実現させたのは、この街だった。仏教都市としての伝統は、京都の近現代建築にも反映している。本願寺伝道院はその代表である。

さまざまな建築様式の折衷が、今の目に斬新に映る

第四章　京都府立図書館

伊東忠太、武田五一の新意匠との出会い

伊東忠太が一九〇二〜〇五年の世界一周の留学中に、それまで知らなかった新しい意匠である「セセッション」を発見していた頃、武田五一《たけだごいち》は二年目の入学者を迎えた京都高等工芸学校（現・京都工芸繊維大学）図案科の主任教授として忙しくしていた。

一九〇四年三月一九日、伊東はインドのボンベイ（現在のムンバイ）で客船ゴリティア号に乗り込んだ。イタリアのトリエステまでは一七日間を要するので、船内を探索したら見慣れないデザインが見つかる。早速スケッチを開始し、通りかかったオーストリア人に「これは何の様式か」と尋ねると「セセッション」と答えた。初めて耳にする名前だ。詳しいことを知りたかったが、相手は専門家でないので要領を得ない。それでも最新の芸術のスタイルだということは理解できた。

この時のスケッチは伊東が常に持ち歩いていたフィールドノートに残されていて、色付

きのスケッチの傍らに、「Secession」と確かに記されている。その本格的な紹介は伊東が一九〇二年に旅立つ前の日本ではなされていなかったが、その新しさにすぐに気づけるのが、さすが歴史を知る人である。

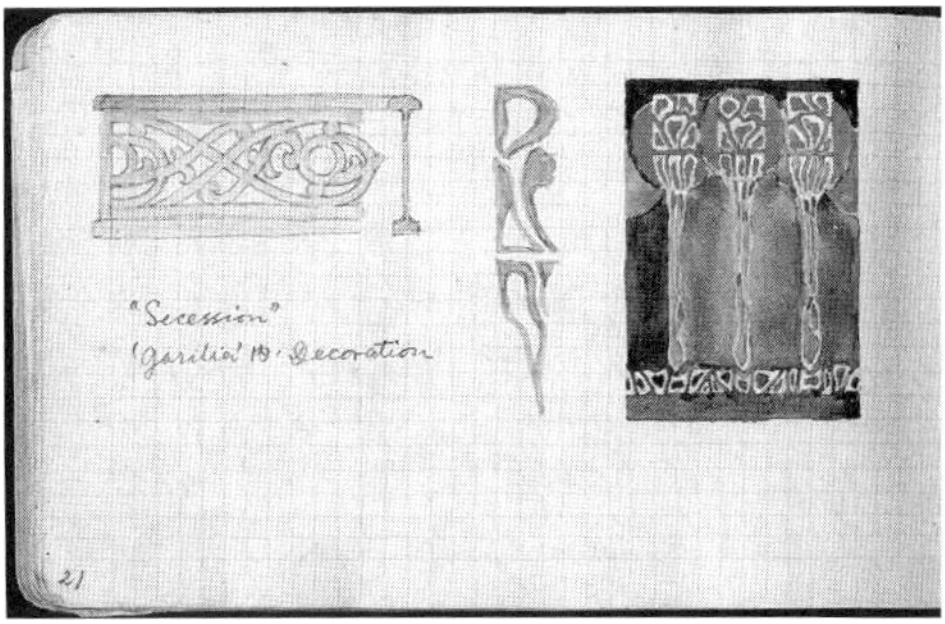

伊東忠太が「Secession」（分離派）の文字を記したスケッチ（日本建築学会蔵）

その後のヨーロッパで、伊東はドイツ語圏におけるセセッション（ゼツェッション、分離派）、イギリスのアール・ヌーヴォーといったデザインの新潮流に気を配るようになる。それまでのように古代や中世に範をとるのではないデザインが、欧米に出現したという事実は彼にとって大きな発見で、帰国後に「建築進化論」を唱える動機の一つともなった。

先のスケッチの一つは、日本建築の飾金具やアルハンブラの装飾を連想させなくもない植物的な文様であり、その隣には深紅と翠《みどり》色の鮮やかな色彩の対比が捉えられている。伊東の関心が、曲線的・工芸的なアジアらしさとの近似性に向いていたことが分かる。

武田五一の理解はもっとスマートだ。工芸を扱う官

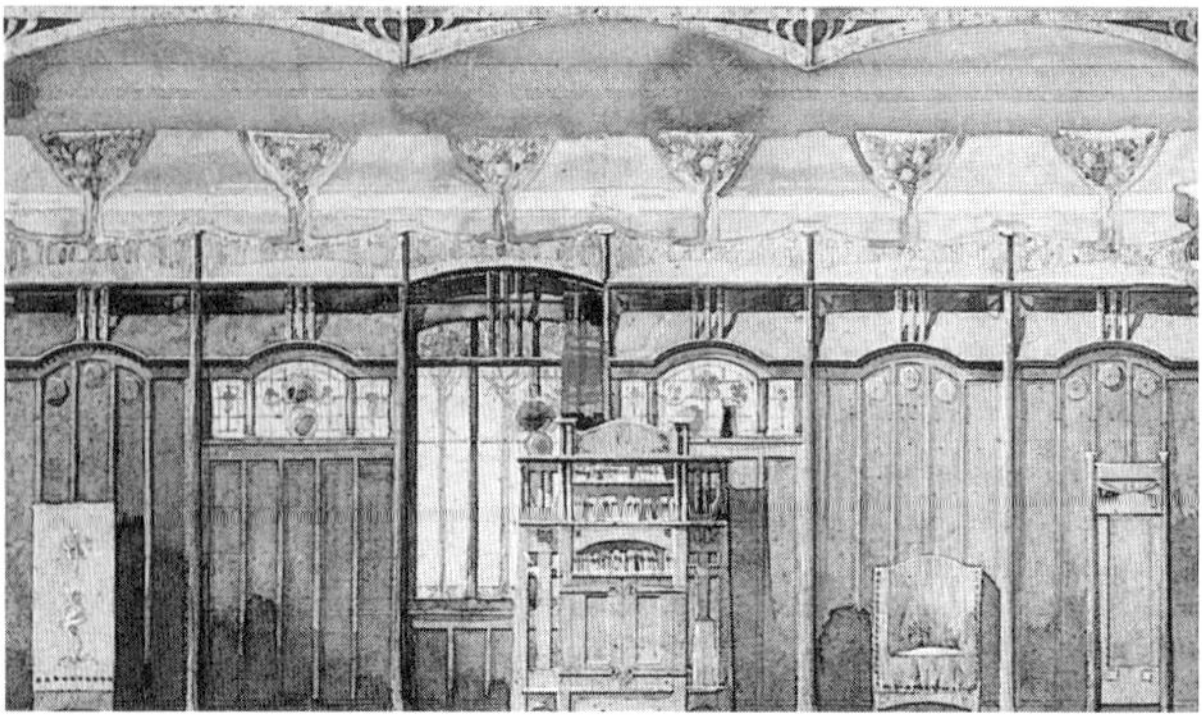

武田五一の室内意匠コンテスト応募作品（神戸大学工学部建築系教室蔵、『武田五一の軌跡』より）

立（国立）の学校が京都に設立されることが決まると、武田はその教員に内定し、一九〇一年から図案学研究のためにヨーロッパに派遣された。ロンドンの美術学校に籍を置いて一年あまりを過ごすうちに、流行していたアール・ヌーヴォーや、チャールズ・レニー・マッキントッシュらグラスゴー派のデザインに興味を抱いた。

新潮流をただちに自分のものにできたデザイン能力は、全英の美術学校の学生を対象に開催された室内意匠のコンテストに応募し、その図案が約二万五千件の提出作品の中から、金メダル五件に次ぐ、八五件の銀メダルの一つに選ばれた史実に示されている。

細い線が壁を走り、時に大きく弧を描き、紙に乗せられている色彩の幅は大きいが、形のリズムに歩を合わせているために、どぎつくは感じられ

武田五一の卒業制作「音楽学校とコンサートホール」（東京大学工学部建築学科蔵、『武田五一の軌跡』より）

ない。過去の様式から解き放たれ、下部から上部へと構築しているかのようなルールを抜け出ることで現れる世界の広がりを、この最初期において会得した。そして、謳歌《おうか》しているかのようだ。京都市や産業界などの働きかけが実って、色染科・機織科・図案科の三科からなる京都高等工芸学校が一九〇二年九月に授業を開始し、一九〇三年七月に帰国した武田は図案科の教授として教鞭をとった。

伝統と現代を横断

一八七二年に現在の広島県福山市に生まれ、一八九七年に東京帝国大学工科大学を卒業した武田が京都につながったのは適切だった。卒業制作では「音楽学校とコンサートホール」を主題に選び、川沿いの敷地にそれを配置した。ロの字型の平面の校舎に設けられたホールは、中心軸を少しずらして、左右対称でない構成が外観にも変化をもたらしている。玄関部などの要所には人物像や獅子像を細かに描き込みながら、装飾を持たない壁面が余白として効いている。一様でいかめしいデザインでなく、緩急をつけて洒脱《しゃだつ》だ。初代の辰野金吾や片山東熊が卒業して二〇年後には、このように西洋建築の様式に応用できる人物が現れたのかと思わせる。

卒業論文では「茶室建築」と題して、茶の湯の始まりから千利休、小堀遠州までの歴史を文献に従って記述し、実測も行って茶室の図面を起こし、寸法体系を検討した。これは茶室を扱った初めての論文だった。従来は茶人の遊びと思われていたものを、西洋の建築学の立場から論じて、茶室を建築家の取り組むべき伝統の領分に組み入れたのだ。卒業後には妻木頼黄《つまきよりなか》の日本勧業銀行本店の設計をサポートし、左右対称で両翼を前に突き出した西洋建築の構成と、破風や柱梁といった日本建築の要素を併せた建築を一八九九年に日比谷に完成させるという実作の経験も得ていた。

軽妙さへの好みを持ち、和風という建築家にとって新たな領域に積極的に取り組んでいた武田は、伝統と現代をデザインで架け渡すことを目的の一つとする学校が京都に設立されると教員に抜擢され、留学先のヨーロッパでデザインの新潮流に接したのだった。その理解は、伊東忠太とは違って、より融和的だった。どこまでが西洋でどこからが東洋であるのかを感じさせず、新しさと古さの境を軽やかに横断する傾向は、その後の武田にもついてまわる。そうした性格は、京都を基盤とする最初の本格的な建築家として活躍する上でも、この学問の街で近代化を担う幅広い人材を育てるのにも向いていた。

宮廷建築の気品

京都の建築家の旅立ちにふさわしい建築が、平安神宮の参道沿いに建っている。一九〇九年に完成した京都府立図書館である。これは武田が初めて手がけた煉瓦造の建築である。京都府立図書館は初め、一八九八年に京都御苑内に開設されたが、その土地の返納を宮内省に求められたことを契機に、二代目の図書館を建てることになった。建設予定地としたのはもともと平安神宮の火除け地として京都市から寄付された土地であり、無償貸与を受けるにあたっての条件の一つが不燃建造物とすることだったことが、煉瓦造の建設を後押しした。

現在は一～二階の外壁が残されている。一九九五年に発生した阪神・淡路大震災を受けて図書館が建て替わり、その際に参道に面した東側の外壁が保存されることになった。

まずは宮殿の優雅さが目指されていたことが分かる。構造を支えている煉瓦はモルタルで塗られ、ベージュ色の壁には目地が入れられて、石造のような風合いである。下には花

武田五一設計の外壁が残された、現在の京都府立図書館

崗岩が貼り巡らされ、しっかりとした基礎の上にあるといった安心感を与える。手前側に突き出した部分の内側が大閲覧室で、外壁には六本の柱型が立ち上がっている。等間隔に並んだ柱の間に縦長の窓がとられ、上部がゆるやかなアーチで縁取られている。中央の窓だけ背が少し高い。その上の櫛形ペディメントと共に、中央に軸線がある様子を表現している。図書館は均整の取れた表情で参道に向きあっている。

そこに屋根が宮廷的な性格を加えている。強い傾斜を持ち、大きな面にはいくつもの丸窓が見える。かつての図書館は三階建てで、中央と左右にそれぞれ独立した形でマンサード屋根が架かり、屋根裏窓や丸窓があいていた。屋根は実用的な部位だ。屋根が存在感を増すほどに、屋根裏を使用しているかのような開口があるほどに、住まいらしさが増す。そこに秩序だった品格が加わると、宮殿を思わせる。逆に厳格な感じだけだと、そうならない。

書籍を収容する宝庫としての権威性よりも、それを使う人間の佇まいが感じられる図書館なのである。第一義的には、平安神宮の前という立地を考慮した設計であるに違いない。桓武天皇を祀る神社の軸線においてなすべきは、別の中心を打ち立てることではなく、権威に寄り添うことだろうから。公共図書館に対して近代化の教科書のような全国一様の様式ではなく、宮廷建築のような気品と変化を備えたデザインをまとわせることは、過去と現在との隔たりや、東洋と西洋の違いを超えて、ここに王権が連続していることを連想させるだろう。機能を満たすだけでなく、海外の文化を輸入・定着させるという使命を担うことで、大極殿の前に列する文化的な従者にもなっている。同様の役割を果たす文化施設が以後、岡崎に建っていった。

参列資格を、いわば「現代的であること」としたのも、この建築だったかもしれない。岡崎には本書で取り上げた京都市京セラ美術館やロームシアター京都の他にも、世界を代表する建築家の一人である槇文彦による京都国立近代美術館など、質の高い近現代建築が集う。決して「伝統」に寄りかかるだけの臆病な公共建築が建ち並ぶ場所にはならなかった。

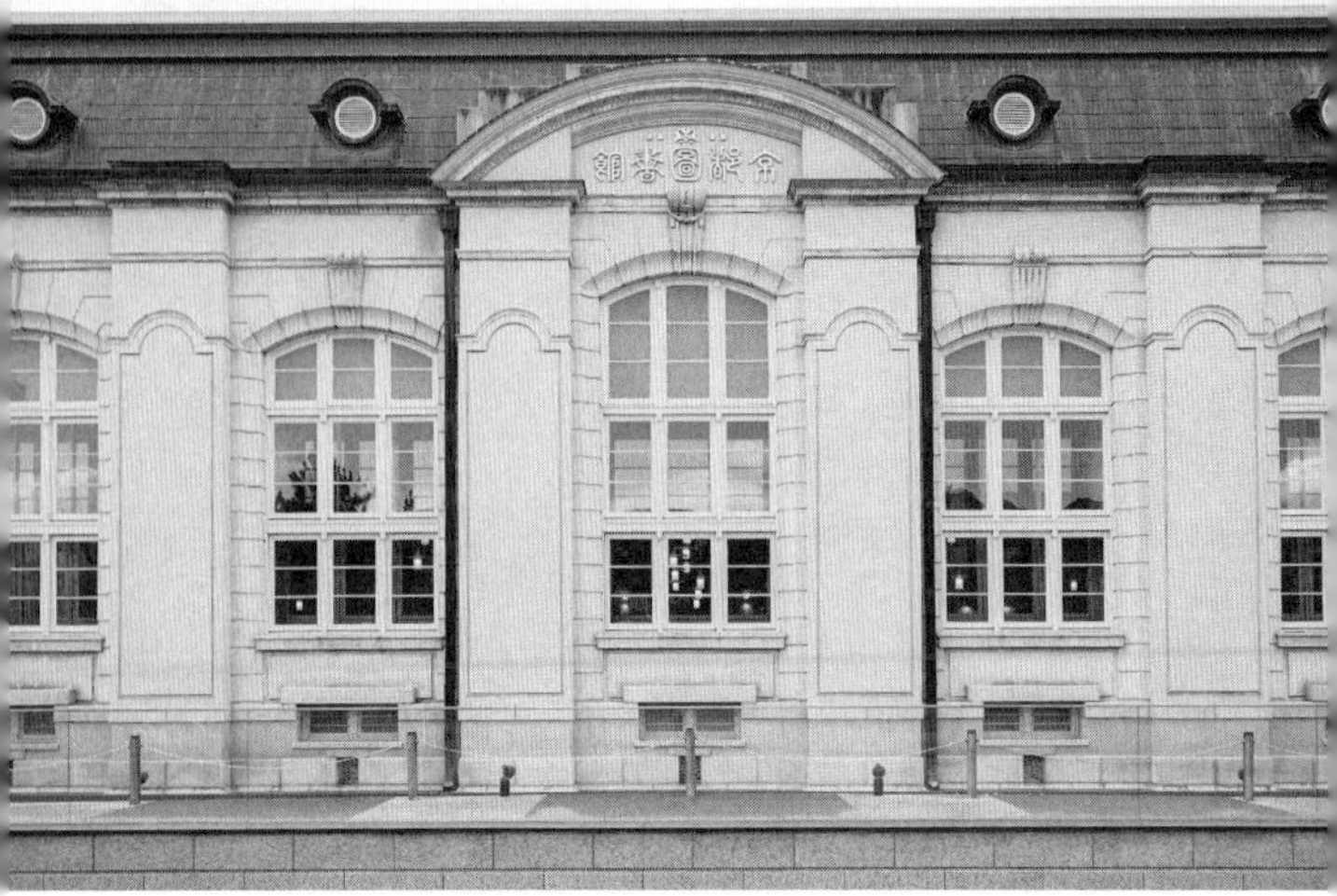

京都府立図書館の壁面

時代の最先端を行く優雅

京都府立図書館が当時、時代の最先端を行くものであったことは、残された一枚の壁だけでも分かる。現代的であることの代表格が、平面的な構成によって優雅さを生み出したことにあるからだ。

壁面には金色の線が走って、印象的だ。さらに目を凝らしてみよう。六本の柱型の上部には、通常は古代ギリシアやローマの建築にならってあるはずの渦巻や葉を模した柱頭彫刻が見当たらない。その代わりに線状の部材が取り付いて、柱頭や梁のバランスを想起させる。部材には伝統的な繰形《くりかた》が細かに施されている。柱型と軒が接する箇所はより精妙で、逆傾斜した最頂部の下に玉紐飾りが付き、最下端には古典主義建築のコーニス（軒蛇腹）に用いられるデンティル（歯飾り）が緻密に刻まれている。先人たちが明治期に懸命に学んだ西洋建築の様式は、完全に放棄されてはいないのである。

そうであっても、ここにあるものは立体的な装飾というより、抽象的な「線」と呼びたくなる。重さを感じさせずに連続して、各部を軽やかに結んでいるからである。金色の水平のラインは、柱の出っ張りをものともせずに壁面へと続き、両端の柱も超えて、側面に回り込む。より下部の弧と水平線の組み合わせは、窓のゆるやかなアーチに呼応している。

過去から受け継がれたスタイルがなぜ良いかということを、幾何学はさらに正当化しているかのようだ。櫛形ペディメントさえも、まるで中央で高く変化したアーチの音色が波紋として上部へと広がり、凝固した形態に見える。重いものが柱で持ち上げられているという感じがしないのは、形の操作のためである。柱の線はペディメントの内側に貫入している。アーチの頂部は金色の装飾で目立たせられて、キーストーン（要石）と呼ばれる部位がかつて備えていた構造上の重要性を継承している。だが、水平のラインと結ばれているために、それにぶら下がっているようにも感じられる。

軽妙な操作を通じて、各部位が伝統的に備えていた下部から上部へと構築されているかのような感が裏切られている。それが洒脱であるのだが、ともすれば見るものを不安にさせ、美が永続する印象を消し去ってしまう危険な賭けでもある。成功を手にして戻ってこられたのは、構成の確かさによって各部を緊結しているからだ。

均整がとれた秩序を通じて、権威などの揺れ動かないものを想起させる点は、それまでの西洋建築と同様である。ただし、柱や梁やアーチといった各部位の重みに頼らない手法が新しい。下から素材を積み上げ、重力に抗して組み合わされたように見せるのではない。意匠的な要素を、互いに動かしがたい関係性を持って存在しているように組み立てているのだ。

実体を超えた図案の力

要となるのは重量感でも、素材感でもなく、デザインなのである。設計者の所属した学科名にならって「図案」と呼んでもいい。それは実体を超えたものであるから、余白だって参入できる。この外観では、何の装飾も特別の表面仕上げも施されていない壁が、各部で異なる表情を帯びている。線がそれらを区別し、各々に意味を与えている。余白が線の表現力をいっそう際立たせる。各パーツは同等の権利を持ち、異なる立場から、建築という組み立てに参画している。それらの関係性は、上下関係や隣接関係を超え、網の目状である。だからこそ、面の全体が強く結び付けられ、さりげないようでいて、どれもが動かしがたい。これは優れた絵画や工芸品などにも見られる性格で、日本が長《た》けてきたものではないか。

本作は花崗岩を基礎のように用いるなど、伝統的な建築の重量感や素材感が完全に排除されているわけではない。それでも、ダイナミックさを消すことで引き立つ櫛形ペディメントの求心性、基本色を限定したことで印象に刻まれる金色といったように、要素の最小化で効果を最大化する手法が発見されている。

これを平面的と形容したとしても、平板であるさま、あるいは軽薄であるさまを意味しないことには注意したい。それは近代に踏み出した日本から欧米に移入された美術品や工芸品が生み出したジャポニスム（日本趣味）にも共鳴して、一九世紀後半に発展を遂げた確かな構成術である。

武田は留学前に「建築の格好について」と題した講演を行い、すでに建築の美しさの要点は「格好」（プロポーション）であるとしていた。それまでの経験から編み出した手法が宮廷のスタイルと融和し、新しい優雅さを築いていることに、本作の最も見るべき点がある。

世紀末ウィーンの響き

壁面を走る線の構成には、世紀末ウィーンの響きも感じられるだろう。一八九七年にウ

ウィーンのカールスプラッツ駅 © Bwag/Commons

ィーン分離派を結成した建築家たちにも大きな影響を与えたオットー・ワーグナーが設計したカールスプラッツ駅（一八九九年）は白を基調とした壁面に線材が行き交い、細やかな金色の曲線が分割された面を彩る。植物をモチーフとした装飾が、下部から支えられているのではない独自の規律をもって、市民のための公共施設に近代性と華やかさをまとわせている。

　京都府立図書館の金色の部材も断面形状において同様の繊細さを備えるが、これと違って直線的ではある。構成しているのはテラコッタだ。建築用語におけるテラコッタとは建物を装飾するために製造された焼き物のことで、日本では昭和の戦前期に多く用いられた。武田はこれを先駆的に使った。焼き物であるため、凹凸が美しい形も可能で、豊かな色彩を与えることもできる。

後にテラコッタは重量感や素材感を持った彫刻的な装飾として一般化するが、ここでは逆に、均質な線状を生み出す目的で採用されているのが面白い。工業製品に似た扱いである。これもオットー・ワーグナーがウィーン郵便貯金局でアルミニウムやガラスを効果的に使用したことを彷彿《ほうふつ》とさせる。入念に加工されて、それでも優雅なのだが。

ハプスブルク家の君主が統治するオーストリア＝ハンガリー帝国の首都に関しては、一八五七年のフランツ・ヨーゼフの命によって中世の城壁が取り払われ、跡地に環状道路と美術館や劇場など多くの公共施設が建設された。ウィーンが近代都市へと変貌する過程において、芸術と工芸と建築の垣根を超えた新しいデザインが花開いたのである。

とはいえ、突然に現れたのではない。前世紀からの市民層の厚みが背景にある。実用性と審美性を兼ね備えた質の高い調度品や食器が生まれ、愛用されていた。宮廷だけにとどまらない豊かさが造形の前進を支え、駅舎や郵便貯金局といった近代化の産物が工業的な清潔さで被覆されるような趣味を形成していたのである。

一八～二〇世紀のウィーンと京都のありようを、武田が重ねていたとしても不思議ではない。京都府立図書館は、工芸的な細部から建築全体の構成までを優雅さの中に溶け合わせている。それはまるで、かつて宮廷の下で育まれた服飾や図案や生活の豊かさがあり、それが現在の公共施設の質の高さまで連続しているかのようだ。参道に向けた大きな窓は閲覧室の様子を映し、図書館が市民の場であることを語るだろう。

和と洋をつなぎ、近代に輸入された市民の建築を自然に見せ、京都における天皇の喪失を感じさせない。近代の古都が望んでいたものを、武田は与えることができた。優雅さとは宮廷のものであり、市民生活のものであった。宮廷は不在であることによって理想化され、未来へと前進する。一つ所に立脚していない融和的なデザインの強靭《きょうじん》さを、壁一枚で見せつけている。

ここから武田は、京都で図案の力を発揮した。それは時に現実の構造よりも真実味を帯びる。伊東忠太の扱う様式とは異なって、地域や時代に限定されない広がりを持つ。それは古いものと新しいものとの間に思わぬ関係性を発見させるだろう。権威性と民主性を矛盾なく両立させることも可能かもしれない。近代に入った京都の市民が求めていたのは、そのようなものではなかったか。絵画や工芸や工業といった枠組みを総合し、もちろんイデオロギーや理屈を超えて、生業と享楽の双方の力になってくれる図案ではなかったか。

「学問の街」をつくる

京都府立図書館に見られる漸進《ぜんしん》的な市民性とデザインの力を信じる明るさは、これ以降

同志社女子大学ジェームズ館　©下村しのぶ

のデザインにも一貫する。だからこそ、和風、アジア風、スパニッシュ、アール・デコまで、さまざまな意匠を取り入れた。京都は中央集権の場所ではない。商業の力が強大であるわけでもない。武田の持ち味を発揮するのに適した根拠地となった。

同志社女子大学ジェームズ館（一九一三年）は、壁一面ではなく、完全な形で残された武田の煉瓦造建築としては全国で最も古い作品だ。煉瓦が外観にも現されている。だが、それにしては、煉瓦の重みや厚みがあまり感じられない。武田は、壁に凹凸をつけたり、下の部分を重厚に仕上げたりといった通常の手法をとらずに、全体を一様なカンバスに見立て、そこに従来の様式をアレンジした図案を与えている。

まずは壁の白い横線である。類似したデザインは、第二章で取り上げた辰野金吾の旧日本銀行京都支店にも、第三章の伊東忠太による本願寺伝道院にも見られる。元になっているのは、イギリスのクイーン・アン様式だ。これが建つ今出川キャンパスに隣接した同志社大学の今出川キャンパスでは、同志社大学ハリス理化学館（一八九〇年）が赤い煉瓦壁と白い石の帯との組み合わせを見せていて、本国での流行にそう遅れない時期にイギリス人建築家、アレクサンダー・ネルソン・ハンセルが応用した手法を示している。

そんな系譜を引き取りながら、武田によるジェームズ館の白い帯は、より全体に関係する働きを備えている。本数が少なく、互いの距離は等間隔ではなく自由で、正面から側面に連続している。立体の建物をぐるりと横方向に束ねる効果が増しているのだ。

心憎いのは、帯の位置が一階の窓の下端と上端、それに二階の窓の下端と中央にあること。側面まで回り込んでいないのは最後の帯だけで、正面左右の建物が突出したところで打ち切られている。建築の伝統的な正面性を、窓を貫いて走るペイントのような一本線でアピールしているのだから、軽妙である。

窓の上下に帯を配しているのは、隣地にあるハリス理化学館と同様だ。しかし、印象はだいぶ違う。開口部のまわりにも同じ石を貼り巡らせて、窓をしっかり固めているような装いが、こちらには見られないからだろう。加えて、辰野や伊東のものにあった突き出した窓台も存在しない。

窓の下をがっしり支えていた部材の代わりに、白い帯が窓を受けている。これによって装飾的な横線だったものが、各部を緊結する秩序の構成者へと格上げされている。その一方で、平板な壁面の線が窓という実体を支えているかのようなデザインは、不安感と紙一重となった軽快感を与える。縦長窓の配置によって、壁面に緩急がつけられている。中央玄関のアーチも半円形に幾何学化され、新たな存在感を生んでいる。

和風意匠の導入も見ものだ。軒裏では花崗岩を日本建築の木鼻《きばな》の形に加工して、木造の垂木《たるき》や瓦屋根に違和感なく連続させている。内部では白漆喰《しっくい》の壁に木のラインが走り、大きな面を分割する。高い天井や手の込んだ階段の設《しつら》えといった洋のつくりと、あっさりとした和の趣をつなぐデザインだ。

一見、真実味のあるように思える構造にも、様式にも頼り切っていないのである。かといって構造も様式も無視されるのではなく、図案がそれらと戯れる。過去からの要素が、現在に活性化される。京都府立図書館と同じ方向性が、ここでも展開されている。

正門の正面にある栄光館（一九三二年）は、鉄筋コンクリート造だが、赤煉瓦の壁を継承し、新たな和風に挑戦している。八角形の時計塔が特徴的だ。同校が同志社女学校と呼

京都大学のシンボル・時計台記念館

ばれていた時代に、ここで武田の二人の娘も学んだ。

京都大学の正門の前にあって、大学のシンボルとなっている京都大学百周年時計台記念館（一九二五年）も武田が設計した、元の本館である。塔を備えた左右対称の姿で、キャンパスにおける重要な役割に応えながらも、時計の文字盤は遊び心があって可愛らしい。タイル貼りの外壁には繊細な文様が仕組まれていて、そこはかとない京都らしさを感じさせる。同様のデザインが、先の同志社女子大学ジェームズ館の外壁にも施されていた。京都大学総合研究一五号館（一九二二年）もタイル文様が軽快な作品で、柱頭は伝統建築の斗栱《ときょう》を模している。元の工学部建築学教室本館で、武田はこの建物で教鞭をとった。

教育者としての功績も大きい。京都高等工芸学校という工学部建築学科ではない教育機関の立ち上げにおいて、デザイン全般を接続できる認識と力量を備えていた武田は多大な役割を果たした。一九一八年から二〇年までの名古屋高等工業学校校長の時代を挟んで、次に立ち上げに関わったのが京都帝国大学（現・京都大学）の建築学科だった。創設委員となり、一九二〇年から三二年まで教授を務めた。

武田は自らも手が動き、生涯、デザインすることに携わった。他方で、監修者となって口は出さず、自分とは異なる才能を発揮させることも多かった。京都市役所本庁舎（一九二七・三一年）の建設にあたっては、顧問に迎えられた。武田は一九二四年に京都大学の建築学科の第二期生として卒業したばかりの中野進一を推薦し、京都市建築課は彼を新規雇用してデザインを担当させた。完成した庁舎は、塔屋の上部に付属した小塔に毛筆の形をかたどり、イスラム建築のアーチの形も見られるなど、内外に日本やアジアの要素が織り込まれている。デザインの可能性を探求する気質を京都に育んだ、武田の学風が流れている。

京都大学東アジア人文情報学研究センター（一九三〇年）は東畑謙三《とうはたけんぞう》との共作だ。一九二六年に京都大学を卒業した若者のデザイン力を発揮させた。その後、東畑は一九三二年に三〇歳の若さで東畑謙三建築事務所を設立し、戦後の関西建築界をリードする建築設計事務所となった。機能性と豊かな装飾性を兼ね備えたロマンティックなスパニッシュ・ミッション・スタイルに、彼の原点が刻まれている。

教育者としても同様だった。京都高等工芸学校の時代には本野精吾《もとのせいご》、京都帝国大学では藤井厚二《こうじ》や森田慶一《けいいち》らを京都の高等教育機関に呼び込み、既存のアカデミーでも民間でもない、それぞれが信じる道を探求する場を与えた。

京都が持つ顔の一つとして、学問の街というものがある。平安京の時代に由来しそうなイメージがあるが、実際には近代の産物である。武田はここでも橋渡しができる人物だった。東京でも大阪でもない、学問の京都を、建築において明確にしたのだ。これまでの蓄積を否定するのではなく、それでいて飲み込まれるのでもなく、新たな価値をつくりだそうとする。学問の根本で保証されるべきそんな個人の自由は、武田が若い頃に見出して生涯持ち続けた、図案の自由に似て見える。

第五章　東華菜館本店

中華料理店になった西洋料理店

四条大橋から目を引く黄土色の建物が東華菜館《とうかさいかん》だ。ウィリアム・メレル・ヴォーリズ建築事務所の設計で一九二六年に完成した。初めは洋食のレストランだった。明治の半ばに牡蠣《かき》料理店として始まった「矢尾政《やおまさ》」の二代目店主・浅井安次郎が新しいビアレストランを構想し、その設計をヴォーリズに依頼したのである。

戦時色が深まる中、レストランの存続は困難となり、建物は店主の友人だった于永善《うえいぜん》に譲られた。中国山東省の出身で、大連で北京料理のベースである山東料理を修得し、来日した人物だった。一九四五年末「東華菜館」がオープン。北京料理店として第二のスタートを切った建物は、今では京都らしい中華の名店として知られている。

入口は四条通沿いに面している。玄関の左右には文様が施された付け柱。上部の装飾がひときわ濃厚だ。いくつものアーチが続いた先に広間がのぞいていて、今から特別なところへ

鴨川沿い、四条大橋のほとりに建つ東華菜館本店

入るという気分を高める。西洋料理の店から中華料理の店に変わっても違和感のない、そんな心揺らす国際性を持ち味に仕事の幅を広げていった人物が、ヴォーリズである。

近江八幡のアメリカ人

京都からおよそ北東へ約三〇キロ、滋賀県近江八幡《おうみはちまん》市がヴォーリズの本拠地だ。

ヴォーリズは一八八〇年、アメリカ・カンザス州に生まれた。高校時代には建築家になる夢を抱いていた。名門であるマサチューセッツ工科大学（ＭＩＴ）の入学許可を得て、家庭の経済事情から基礎課程をキリスト教主義の大学であるコロラド大学で終えた後、同校に転入学するつもりだった。

転機はコロラド大学の二年目の時、活動

に参加していたＹＭＣＡ（キリスト教青年会）の代表として、カナダのトロントで開かれたＳＶＭ（海外宣教学生奉仕団）の大会に出席したことだった。そこで耳にした講演が、啓示のように胸に響いた。キリスト教の精神を人々に届けることが自分の使命と確信し、外国伝道に身を捧げることを決意した。自分のやりたいことよりも、もっと大事なことを見つけたのである。日本の学校が英語教師を求めているという手紙に応じて、それまで知ることのなかった土地に到着する。それが近江八幡だった。

一九〇五年、二四歳のヴォーリズは、滋賀県立商業学校（現・滋賀県立八幡商業高等学校）の英語教師として着任した。ここは商業学校としては県内で初、国内でも一〇番目に創立された学校であり、行商による実地教育などと並んで、開校以来、外国人の教師による英語教育を特徴としていた。広い視野を持った近江商人を輩出したこの地の伝統が、ヴォーリズを引き寄せたといえる。

来日前、授業以外の時間には聖書の教えを説いて良いと、ヴォーリズは聞いていた。さっそく放課後、バイブルクラスを開き、多くの生徒を集める人気となった。しかし、伝統と革新は時にぶつかるもの。仏教信仰の深い近江商人で知られるこの地で、彼の影響力は問題視され、二年後に教師の職を解かれてしまう。

それでもヴォーリズは、近江八幡に留まった。自分の自由意志よりももっと大事なもの

近江八幡の吉田悦蔵邸

があると考えた彼は、与えられた場所で精一杯に生きることを決めたのだ。

隣人愛の空間

以後の足跡は、今も近江八幡の各所に刻まれている。歴史を感じさせる瓦屋根の町並みと共に、この街を歩く楽しみだ。

例えば、池田町洋館街。キリスト教精神に基づいた近江ミッションを一九一一年に組織した翌年、約一〇〇〇坪の土地を入手して始まった、当時珍しいアメリカ風の住宅街である。商業学校の教え子で、ヴォーリズの片腕として事業と伝道の道を切り開いた吉田悦蔵《えつぞう》の住宅や、二軒が接するダブルハウスの洋館など、当時の人々に「アメリカ町」と呼ばれた様子が今も残る。

ヴォーリズは、キリスト教の教会や関連する

近江兄弟社学園ハイド記念館

人々の住宅などを手がけ始めた。その中で、西洋建築に必要な部材類を輸入する会社も設立した。後の株式会社近江兄弟社である。社名から、メンソレータム（現在はメンターム）の名を連想する方も多いのではないだろうか。始まりはアメリカでメンソレータムを発明したハイド氏がヴォーリズと出会い、その活動に共感して日本での製造販売権を譲渡したことだった。ヴォーリズらは伝道船・ガリラヤ丸で琵琶湖を横断して布教したが、その船もハイド氏が寄付した。

近江兄弟社学園ハイド記念館と現在呼ばれている建物も、近江八幡にある。その名も建築費を寄付したメンソレータム社のハイド氏に由来する。一九一九年に清友園幼稚園の校舎として建てられ、ヴォーリズと結婚した子爵令嬢・一《ひとつ》柳《やなぎ》満喜子《まきこ》が初代園長を務めた。ＮＨＫ連続テレビ小説「あさが来た」のモデルとなった明治の女性実業家・広岡浅子《あさこ》の女婿・広岡恵三《けいぞう》の妹にあたる人物である、華族の子女である満喜子とヴォーリズとの結婚に際しては、浅子が後押しをしたとされる。

学校の建物は、堅実で温かみがある。階段や戸棚といった人が触れる部分に対して、細やかな配慮がなされている。住宅や教会、学校から商業施設まで、ヴォーリズはさまざまな建物の設計依頼を受けた。空間によって人々を集いたくさせる性格は、すべてに共通している。

ヴォーリズは隣人愛の精神を、言葉によって説いた。空間で物言わず語った。そして、何よりも彼という人間そのものが、伝道の媒体だったのだろう。だから、彼を手助けする者が現れ、事務所には優秀な設計者が集まった。雰囲気の良さが豊かな仕事を生んで、生涯に八〇〇棟を超える建物を手掛けるまでになった。それらの多くが維持され、愛されて、今や伝統の一部になっている。

素人っぽい建築の味わい

ヴォーリズの建築には素人っぽいところがあるとよく言われる。東華菜館も、そんな親しみやすさを備えている。黄土色の壁や玄関の装飾は、スパニッシュ・ミッション・スタ

元西洋料理店の雰囲気が感じられる東華菜館内部の様子

イルの特徴だ。スペイン人によってアメリカ大陸に伝わり、一八世紀から行われたカトリック伝道の拠点となった修道院のスタイルにちなんだ様式である。濃厚な装飾は、スペインのバロック建築から来ている。荒野の中のオアシスのような土色の壁は、素朴さと温もりを感じさせる。建築用の焼き物であるテラコッタや、色鮮やかなスペイン瓦もよく用いられる。

大正期に入ると、洋館が、明治以来の取り澄ましたものから、少し先にある憧れの存在に変貌していく。都市に建つ洋風建築も役所や美術館、銀行といった公的でいかめしいものに限らず、百貨店やレストランなどの商業的な建物も西洋のスタイルで建てられるようになっていった。

そんな時代にヴォーリズは、二〇世紀初めのアメリカで流行したスパニッシュ・ミッションの・スタイルを日本に導入した。関西《かんせい》学院大学や神戸女学院大学のキャンパスをはじめとして、手がけた多くの教会や邸宅などに適用した。日本における、親しみがわく洋館のイメージ形成に寄与した人物の一人である。少しよそ行きで、普段と違って、人を新たに集わせて、思い出に刻まれる空間をつくりだすことが上手いのである。大阪の大丸心斎橋店（一九三三年）、東京の山の上ホテル（旧佐藤新興生活館、一九三七年）といった、夢みさせ、憧れさせる建築は、キリスト教精神の大衆的な伝道という理念にかなうだけでなく、二〇世紀の市民社会・消費社会・都市社会にも適合していた。

京都市内のヴォーリズ建築としては、大丸ヴィラ（旧下村邸、一九三二年）が、烏丸《からすま》丸太町の交差点で独特の雰囲気を放つ。大丸百貨店の社主を務めた一一代下村正太郎の自邸として建てられた。基調になっているのは、明治末の欧米視察の際に下村がイギリスで目にし、長く憧れていたチューダー様式だ。

扁平《へんぺい》のチューダー・アーチが石で作り込まれている。その上に木材を露わにしたハーフ・ティンバーによる、変化に富んだ各室が載る。木材の間には、ヴォーリズが得意とした手法である色彩豊かなタイル貼りが施されている。木立に似合う自然なスタイルだ。都にあって鄙《ひな》を感じられる。平安貴族が理想とした住宅のありようが、洋風建築によって達

京都の中心部にあるとは思えない雰囲気の大丸ヴィラ

成されたのだ。

同志社大学今出川キャンパスにもヴォーリズの建築がある。啓明館（一九二〇年）は二代目の図書館として建てられた。大柄な玄関が人を招き寄せる。鉄筋コンクリート造で当時最先端の機能性を備えながら、デザインには赤煉瓦を用いている。明治一〇～二〇年代に建てられた五棟が現在は国の重要文化財に指定されているという伝統あるキャンパス景観に敬意を払ったのだろう。

アーモスト館（一九三二年）は、まるでアメリカに建つ邸宅のようだ。目地を強調した赤煉瓦の壁と、白くペンキで塗られた古典主義的な窓やベランダが、大柄で健康的な姿を織り成している。白を基調とした室内にガラス窓からの光が注ぐ。床のタイル装飾は絵画を思わせる繊細さで、照明器具が下がる華麗な天井装飾にしても、ゆるやか

同志社大学アーモスト館

な階段の手摺りが持つ品格にしても、建物の内部にいる人々を大事にしたつくりなのである。

かつての古典主義建築のように、あるいはモダニズム建築のように、高尚で厳密に統一されたものではない。スパニッシュ・ミッション・スタイル自体が折衷的なものだが、ヴォーリズの事務所はさらにさまざまな要素を混ぜ合わせる。

東華菜館でも、タコや貝、イスラムアーチや幾何学的な図柄が楽しげに登場する。国境を超えた人間に対する信頼が、洋食レストランという目的や、京都らしさという場所性よりも上位にある。

自分と理念を信じ、次の時代を切り開くのが建築家だとしたら、ヴォーリズは確かに玄人と見なされないかもしれない。だが、ヴォーリズは自我を貫き通すことよりも、いつも与えられた場所で楽しげに咲いて、人を幸せにしようとした。それは一見「建築家」らしくないようで、現代に一層、必要な性格なのではないか。ヴォーリズの建築に対する評価が近年、一般市民から高まっていることは、建築家という概念にも再考を促す。

東華菜館のタコや貝の装飾

モダン都市・京都

東華菜館が近隣の建物と共に「モダン都市」としての京都の姿を伝えることも見逃せない。「流行都市」と言ってもいいかもしれない。市民社会が勃興し、消費社会が進展し、都市の交通が整備されて、登場する新しいモードが人々を誘う。四条界隈は、大正から昭和戦前期における都市の変貌を刻んでいるのだ。

四条大橋の東側に見えるのはレストラン菊水の放物線状の屋根である。一九一六年、瓦せんべい屋を手広く経営していた創業者が「菊水館」という西洋料理の店を開いた。当時は珍しい西洋料理が評判を呼び、瓦

鴨川と四条大橋をはさんで東華菜館の斜め向かいにあるレストラン菊水

せんべい屋の店舗を改装した店が一〇年後、念願の立派な建物に建て替わったのが、現在も営業する鉄筋コンクリート造五階建ての店舗である。

　創業者は日本国内はもとより、上海にまで足を運んで、西洋料理や建築の見聞を広めたという。そのかいあって、上海で流行していたアール・デコが取り入れられ、スパニッシュや伝統的な西洋建築のスタイルと混ぜ合わされて、ここにしかないものとなっている。

　一九二六年に完成した時、デザインの目新しさが目を引いただろう。高さは天をつくようなものに感じられたに違いない。見上げる人々は、ここで西洋料理を食べる理想を抱いたろう。そのように今

昭和初期に鉄筋コンクリートで建てられた南座。上方歌舞伎の伝統を受け継ぐ

も容易に想像できる。その後、高い建物が建っていない鴨川沿いだからである。

通りをはさんで南座がある。一九二九年に完成した建物で今も興行が行われている。四階建て地下一階で、鉄筋コンクリートの構造を生かし、広くはない敷地を縦に有効活用して、できるだけ多くの客席と近代的な舞台装置を収めている。

外観は桃山風とされ、中央に唐破風、屋根には破風が重なる。飾金具が金色に輝いている。官許の証である櫓《やぐら》は、この四条河原が出雲の阿国が「かぶきおどり」を演じたとされる場所であり、元和《げんな》年間（一六一五～二三年）に官許された七つの櫓（芝居小屋）の伝統を継ぐ唯一の劇場として建設されたことを物語る。

内部客席も壮麗な折り上げ格天井《ごうてんじょう》だが、シャンデリアなどはアール・デコ風だ。最新のデザインを加えることと、同一地で興行を続ける日本最古の劇場であることが、江戸時代の初めから人々を一時の夢に誘ってきた伝統において重なる。二〇一八年に大規模な耐震と劇場設備の改修工事を終え、京都の師走の風物詩として知られる「まねき看板」も賑やかに、昭和モダンを今に伝える。

最新文化の街としての京都の伝統が、この昭和初期、弾けるように華やいだ。モダンな流行の煌めきに、今もグルメやエンターテイメントを楽しみながら接することができる。消費の街のありようが保存されている。これも京都の建築の魅力だ。

第六章　ウェスティン都ホテル京都（旧都ホテル）

観光の京都とともに

二〇〇二年にスターウッド・ホテル&リゾートのウェスティンブランド入りしてから、ロビーや客室のデザインは全面的に改装されたが、三条通に北面した長大な外観は、この旧都ホテルが、長く活躍した建築家・村野藤吾《むらのとうご》の京都における代表作であることを物語っている。

志摩観光ホテル（一九五一～八三年）、ザ・プリンス　箱根芦ノ湖（一九七八年）、グランドプリンスホテル新高輪《たかなわ》（一九八二年）など、ホテルは村野が数多く手がけた建築種別の一つである。その最初が都ホテルだ。

都ホテルの歴史は一九〇〇年にさかのぼる。一八九〇年四月八日、琵琶湖疏水の通水式の前日に、東山三十六峰の一つ・華頂山《かちょうざん》の北山麓にあたるこの土地に種油商の西村仁作が和風遊園「吉水園」を開き、運営を任された息子の西村仁兵衛が洋室や食堂を建て増して、都ホテルを開業させた。

仁兵衛はまた一九〇六年に奈良ホテルの土地を購入、翌年には両ホテルと有馬温泉の有馬ホテル、宇治山田の五二会ホテルを傘下に収めた大日本ホテル株式会社を創設したが、急速な事業展開に資金繰りが追い付かず、一九一五年に都ホテルの経営は創業家の手から、新たに発足した都ホテル株式会社に移った。社長には筆頭株主である日本生命保険会社社長の片岡直温《なおはる》が就任した。

一九二四年には木造だった本館を鉄筋コンクリート造に建て替え、一九二八年には同年に京都御所で挙行される天皇即位の大礼に出席する諸外国の使節を受け入れるため増築された。これらの設計にあたったのは片岡直温の婿養子にあたる建築家の片岡安《やすし》だった。同じく大阪に建築設計事務所を構える村野は片岡の推薦で、次の都ホテルの建築家の席についた。

初めに村野が手がけた五号館は地下一階・地上二階で、本館裏手から渡り廊下でつながっていた。当地は急斜面であるため、塔屋部は敷地内で最も高い位置となる。村野はそこに屋根を幾重にも重ねた。むくりのある瓦屋根だが、瓦は鉄筋コンクリートの傾斜スラブの上に載っているので、薄い面による構成に感じられる。重々しい寺社仏閣のようなシンボルではなく、自然の勾配の象徴のように目に映る。

この独創的な和風表現の建物が一九三六年に付け加えられた後、一九三九年には中宴会

タイルの壁に独立窓を備えた現本館。左手に見える現東館の位置にあった戦前の旧本館のデザインを受け継いでいる

場（後の「稔《みの》りの間」）も増築された。この間、一九三七年に開業した叡山《えいざん》ホテルも設計した。当時叡山電鉄を経営していた京都電灯株式会社が観光開発の一環として建設し、都ホテルに運営を託した山岳ホテルである。

新旧の境を紛らわすデザイン

五号館は村野が一九八四年に九三歳で没した後、生前の基本構想に基づく西館などが建設される際に取り壊されたが、分散する屋根のテーマは今の都ホテルの姿にも受け継がれている。

三条通に面して最も右手に一九八八年竣工の西館が見える。その左隣に一九六一年に完成した地下一階・地上九階からなる現在の本館が建つ。中庭を囲むコの字型の平面を持ち、

村野藤吾が都ホテルで最初に手掛けた往時の5号館（『都ホテル100年史』より）

完成当時は戦前からの本館ならびに五号館に接続していた。

全体にかかる薄く、折れ曲がった屋根が特徴だ。これは五号館の軽快な和風屋根との共鳴を図ったものだろう。三条通沿いの一部は、外壁が褐色のタイルで独立の窓が設けられている。左手には現在、村野没後の事務所が設計した一九九二年竣工の東館があるが、この建物が建つ前には片岡が設計した旧本館が使用されていた。煉瓦タイルの壁に窓らしい窓が開いた旧本館のデザインを、それと連続する部分に取り込んでいるのだ。

ホテルは時代に即した機能が要求される。したがって、建物の更新が必要となる。だが、全面的に休業するのは、経営上も社会信頼上も好ましくない。よって、ある館の営業を続け、別の館を建て替えることが多い。しばしば異なる時代の建物

単なる伝統とも近代とも異なる、薄い屋根が折れ曲がって連なる本館の姿

が敷地内に並存しているのは、そのためだ。ホテルの建築にとって、不統一が常態だと言える。

本館が村野らしいのは、この明白な社会の仕組みをデザインの基盤に据えた点だ。仮に外観を一新した新館だったとしたら、戦前からの本館や五号館が古びて見えるだろう。新館だけを写した写真では統一された印象を受けても、実際に現地を訪れた際には一層、ホテル全体の不統一感が際立ちそうだ。村野の手法は逆だった。既存の建物が持っている要素を、新築物に組み込むことで新旧の境を紛らわせ、自然な連続性を敷地全体に与えたのだ。

手法はさらに推し進められて、別の効果も狙ったことがうかがえる。一つは建物の巨大さの軽減だ。五号館から本館に継承された分散する屋根のテーマは、庇やバルコニーの小さい単位に変奏され、全体を部分へと分割する効果を上げている。片岡の旧本館から引き継いだ壁と窓による構成は部分的なアクセントのように扱って、戦前の建築らしい量塊感とは正反対の印象に帰結させている。

土地に根ざした「日本のホテル」

長く伸びる都ホテルの全景は、村野が建築化した「日本のホテル」そのものではないだろうか。この古来の京の東の玄関口である土地で、近代化の起点となる琵琶湖疏水や蹴上《けあげ》インクラインと共に創業し、一八九五年の平安神宮の創建と内国勧業博覧会の開催を機にした岡崎地区の文化・観光地としての変化に影響されながら、近現代のさまざまな出来事を受容して発展してきた歴史が、統一的ではないが統合された姿に現れている。

そう、ホテルとは本来、その土地に強く固定された業態だろう。人々が盛んに動き始める近代の産物でありながら、自身は動かず、エリアの栄枯盛衰を受け止めて、維持されなければならない。都ホテルの全貌が強くそれを印象付けるのは、人工と同時に、自然に深く関係しているためだ。

低く伸びた姿は、特別風致地区に指定された華頂山の山麓にあって、建物をより高くできない困難と、開拓者ゆえの特権性の現れである。現在の本館は、それまで建物が本格的には建てられていなかった東山の急斜面に造成された。戦後の建設技術が駆使された、巨大で土木的な工事である。

その後、エントランス部にせり出す宴会棟が村野の設計で一九六八年にでき、奥の斜面地に南館が一九六九年に竣工した。日本人の宿泊客の割合が外国人を上回るようになるのはこの頃だ。さらなる客室数の増強が検討された。だが、景観その他の課題が多く、他敷地に建設することになった。それがJR京都駅に隣接して一九七五年にオープンした新・都ホテルである。

近鉄・都ホテルグループとしてホテルのチェーン化を進める中で、村野は設計者として重用された。新・都ホテルだけでなく、一九六三年の名古屋都ホテル（現存せず）、一九七九年に完成した都ホテル東京（現・シェラトン都ホテル東京）の内装と庭園、一九八五年に開業した都ホテル大阪（現・シェラトン都ホテル大阪）を設計し、志摩観光ホテルの数次にわたる増築も任される。それぞれの土地に応じて異なるデザインを施した。

では、ここではどうだろう。分散する屋根という戦前の五号館から継承されたテーマと、そこから展開された全体を部分へと分割する手法が、東山を背景とした当地の景観を意識したものであるのは間違いない。自然との関係においても都ホテルは、土地に根ざしたホテルであることの誇りを静かに伝えている。単なるチェーンの中の一ホテルでもなければ、漠然とした「京都」イメージをまとった、市街地のどこにあっても良いホテルでもないのだ。

全景は都ホテルの歴史を内包している。失われた建築の面影も偲《しの》ばせる。先に触れたように現在の外観は、最初に鉄筋コンクリートで建ち上がった片岡による旧本館、次に設計を託された村野が四〇歳代で完成させた意欲作である五号館を写している。

都ホテルが「日本のホテル」の体現であるのは、もう一つ、和と洋の関係においてである。西洋文明と共に輸入されたホテルが立脚しているのは、日本の日常生活ではなく、西洋の衣食住のスタイルにほかならない。日本人も宿泊することが一般化する一九七〇年代以前には、片岡や村野だけでなく、一流の建築家によって設計される対象がホテルだった。外国からの訪問客に顔を向けているがゆえに、その土地らしさが求められる。したがって、和風表現が必要になる。異なる生活文化に基づくものを、いかに擦り合わせるか。和と洋と関係が問われる建築種別だった。それを踏まえて村野は、都ホテルを和洋の実験場としたのだろう。

村野の「数寄屋」

佳水園は敷地の背後の丘上に一九五九年に竣工し、一九六〇年に営業を始めた。この和風別館は当初から、建築界で高く評価された。現在、村野の代表作の一つに位置付けられ

佳水園の屋根の構成。本館と意匠的にも機能的にも連続している

ている。ゆえにホテルの中で単独で言及されることが多かったことと、佳水園のみがオリジナルに近い状態で維持されている現状は重なっている。

ここでは当初の構成を述べる。全二〇室からなり、各室は六畳ないし一一畳の客間と、二畳ないし四畳の次の間があり、玄関、バス、トイレが付属する。間取りはすべて違っており、ブロックごとに「月」、「雪」、「花」を冠した各室が自然の敷地を生かし、二層に配置されている。

共通のロビーを持ち、靴のまま各室の玄関まで進むことができる。ガラス戸の内側から中庭を愛でるといった、現代性と和風情緒とが新たに接合した空間だ。この場所にはかつて清浦奎吾《きようらけいご》の別荘だった喜寿庵など、いくつもの和風の離れ座敷があった。佳水園の土台には、同時期の本館と同様に、それらを一棟に置き換える近代的な志向がある。

佳水園の中庭を臨む。共通のロビーを備え、ガラス戸を多用するなど現代性を志向している

薄い屋根は鉄骨で支えられ、普通の木造では考えられないような深い軒の出と複雑な屋根の重なり合いが成立している。都ホテルで試みられた、分散する屋根の系譜に位置付けられる。鉄骨を使ったディテールは隠されていない。洋風のホテル部分が、むしろ和風に見えてくる。佳水園が和風と言えるのか、疑問にも思えてくる。

技の名人であり、心の素人であることによって、型を脱したそれを可能にするのが村野にとっての「数寄屋」なのだろう。いわゆる「近代数寄屋」や「近代建築」と似て非なるもの。彼にとってのモダニズムも同様だと、都ホテルの全貌は気づかせる。観光の京都は、このように外部の目から、京都と日本を創造的に再解釈させる。

第七章　京都タワービル

「悪名高きタワー」

「山田守《まもる》といえば、晩年にあの悪名高き京都タワーをデザインしたひとだ」と建築評論家の長谷川堯《たかし》は書いている。ちなみに俳優の長谷川博己《ひろき》の父だ。

一八九四年生まれの建築家・山田守は、一九二〇年に結成された「分離派建築会」の創設メンバーの一人として知られる。この年に東京帝国大学の建築学科を卒業した六名が自らを「分離派建築会」と名乗って、日本橋の白木屋百貨店で第一回の作品展を開催した。会場には芥川龍之介なども足を運び、以後一九二八年までに八回を数えた作品展は、他にも同様の動きを喚起するなど、日本の建築におけるモダンデザインの展開に大きな役割を果たした。

山田守は大学卒業後に、逓信《ていしん》省に入省し、東京中央電信局（一九二五年）や東京逓信病院（一九三七年）などを設計して、都市の中で目立つ公共施設が合理主義的なデザインであっても良いことを示した。一九四九年に独立して、山田守建築事務所を開設。東京厚生年金病院（一九五三年）で戦後のデビューを飾り、続く大阪厚生年金病院（一九五四年）で日本建築学会賞（作品）を受賞した。彼は一九二〇年代から五〇年代にかけて、過去の建築をお手本とする旧来の設計姿勢から「分離」したモダンなデザインを推し進める建築家のトップグループに属するとみなされていた人物なのである。

では、なぜ「悪名高き」と言われなければならないのか。一九六四年に完成した京都タワービルの概略をまず確認しよう。同年八月に開館したのは当時の高さ制限である軒高三一メートルに九階を収めたビルだった。その四か月後に、ビルの上に載る一〇〇メートルのタワーが開業した。合わせると高さは一三一メートルである。東京では一九五八年に東京タワーが完成していたが、関西でこの時までに高かったのは、どちらも総高一〇〇メートルをわずかに超える大阪の通天閣と神戸のポートタワーだった。京都タワーはこれらを数十メートルも上回る、関西一の高層建築物としてお目見えした。地上一〇〇メートルに展望室がある。京都の街並みが見渡せて、すぐに人気を博した。

京都駅を降りてすぐ北側という恵まれた立地だが、ここにはもともと京都中央郵便局があった。その移転が一九五三年に決まった後、跡地に産業・文化・観光の一大センターを確立しようという機運が京都の財界で高まった。一九五九年には株式会社京都産業観光センター（現・京都タワー株式会社）が設立された。

「後出し」だったタワー計画

しかし、大きさ、速さ、高さに邁進《まいしん》する傾向への批判が出る。京都に住んで二五年を超えるジャン＝ピエール・オーシュコルヌが口火を切った。関西日仏学館（現・アンスティチュ・フランセ関西）などで教鞭を執っていた彼は、タワーの建設が古い京都の佇まいを壊すとして、一九六四年四月二七日に京都市長・高山義三《たかやまぎぞう》に工事を中止するよう覚書を提出し、新聞各紙に建設反対の投書を行った。

京都駅烏丸口を出るとすぐ目に飛び込んでくる京都タワー

実は一九六三年二月にビル

が着工した時、タワーの計画は公にされていなかった。ビルだけの建築物として建設省に確認申請を出し、基礎工事が進んだ一九六四年一月の段階で、屋上工作物を設置するとしてタワーの確認申請を監督行政庁の京都市に提出した。総高一三一メートルになることが発表されたのは、開業の年を迎えてからだったのである。市民を無視した資本の横暴という当時の知識人の間での受け止められ方に、こうした経緯が影響したのは間違いない。

五月三一日には京都大学教授の西山夘三《うぞう》らが「京都を愛する会」を設立。タワー建設の中止を各方面に呼びかけたが、広く問題視されるようになった契機は、七月二六日の朝日新聞に掲載された作家・大佛《おさらぎ》次郎の「建設という名の破壊」と題された文章だった。

この頃からイギリスのナショナル・トラストの概念を日本に紹介していた大佛は「建設の名を借りた一種のバンダリズム（蛮行）が今日の日本に破壊を続けていく」として、「塔を立てて京都の町の美しい調和を破ることにはどこまでも反対」した。京都は戦災を免れて、日本の町らしい個性と面目が残され、新しいものも取り込みながらも、京都人の節度の感覚が調和を生んでいた。それに対して京都タワービルは「京都には大き過ぎるし高過ぎる〈中略〉きめがこまかく優雅な京都の町の体質に、これは調和の出来るはずのない生硬な化物である」と批判した。

八月四日の朝日新聞の社説は「愚かな風致自殺」という見出しを掲げ、次のように、タワー建設反対の姿勢を鮮明にした。

あの美しい古都の玄関を飾るものとして「京都タワー」がふさわしいとは義理にもいえまい。有志が反対運動を続けているが、建設が合法的であることを理由に、観光収入増大をめあてにする当局と業者には全くの馬耳東風である。古都の景観とは不調和きわまる鉄塔に市民のだれが賛成しよう。

一般のメディアに問題が広がったのに合わせ、建築界の批判も開館前後にピークを迎えた。「京都を愛する会」のもとにはタワー反対の趣旨に賛同する署名が集まった。石川達三、志賀直哉、大原総一郎《そういちろう》といった一般知識人だけでなく、丹下健三、吉田五十八《いそや》の名もあった。会は一〇月八日に文化財保護委員会などに対し、京都の風格を損なう京都タワーのような建造物の撤去、改装を促進するための指導を望む要望書を提出する。

「本年の最も悪い作品」

設計者の山田守がどのような構図の中に落とし込まれたのかは、一二月一四日の朝日新聞に掲載された神代雄一郎《こうじろゆういちろう》の「'64年をふりかえる」という文章が分かりやすい。論旨は

「優劣きわだつ二作品」という見出しの通り。

わたしたちは、年末になると何時も、本年の最優秀作品はと問いつめられて、返答に困るのであるが、今年は全く珍しく、代々木の総合体育館と、あっさり返答することができる。相手も必ず納得して話は簡単に終わってしまう。同様に、もし本年の最も悪い作品はと問われたら、わたしはすぐに、京都タワーと答えるだろう。これも大方の人たちが同意して下さると思う。たしかに、他にもデザインのよくない建築は、たくさん建った。だがこんなにはっきりと作者のデザイン意識が感じられて、しかもデザインのよくない建築は少ないだろう。

「優」の丹下健三に対して「劣」の山田守という明快な図式である。当時最も活躍していた建築評論家にふさわしく、一般メディアでも伝わる平明さだ。同時に、建築界の人間らしさもある。最終部の「デザイン」への言及だ。京都タワービルは、デザインが悪い。さらに言えば「デザイン意識」が露呈しているのが悪いと言う。

その逆が丹下健三ということになろう。「代々木総合体育館のデザインの優秀さ」については「大空間を〈中略〉構造法と〈中略〉平面の構成との、統一によって創りだしたところにある」と述べている。山田守のように、こんな形を作りたいという「デザイン意識」が先にあるのではない。だから、いい。そんな見解が読み取れる。

戦前から活躍していた山田守と、戦後にデビューした一九一三年生まれの丹下健三は一九歳違いだ。一九一一年生まれで丹下と同世代の西山夘三も、当時は「デザイン意識」を感じさせる反対論を前面に押し出してはいなかった。だが、八〇歳を迎えた後年のインタビューでは「本願寺のロウソクたてのような派手なものを建てたから、京のまちがよくなるという考えかたがさみしい。ぶざまな姿をさらして、いまも京都の恥さらしです」と、形を批判の第一にあげている。デザインの悪さに言及せざるを得ない建築界の人間らしさを晒《さら》している。

だが、京都タワービルの肩を持つと、そのデザインは単に奇をてらったパッケージではない。タワーの形態は、通常のように鉄骨を組むのではなく円筒形の鋼板の外皮を構造体とするという提案が構造設計に加わった京都大学教授の棚橋諒《たなはしりょう》からなされ、それを受けて決定されたものだ。ビル最上階の平面に柱のない大空間をもたらすなどの関係もある。

全体は確かに「ロウソクたて」に見える。同時に、未来に飛び立つロケットと感じる人もいるし、灯台にも思える。すでに存在しているものへの連想を拒否していないが、それに頼っているわけでもないのだ。都市で遠望した時、真価を発揮するデザインであること

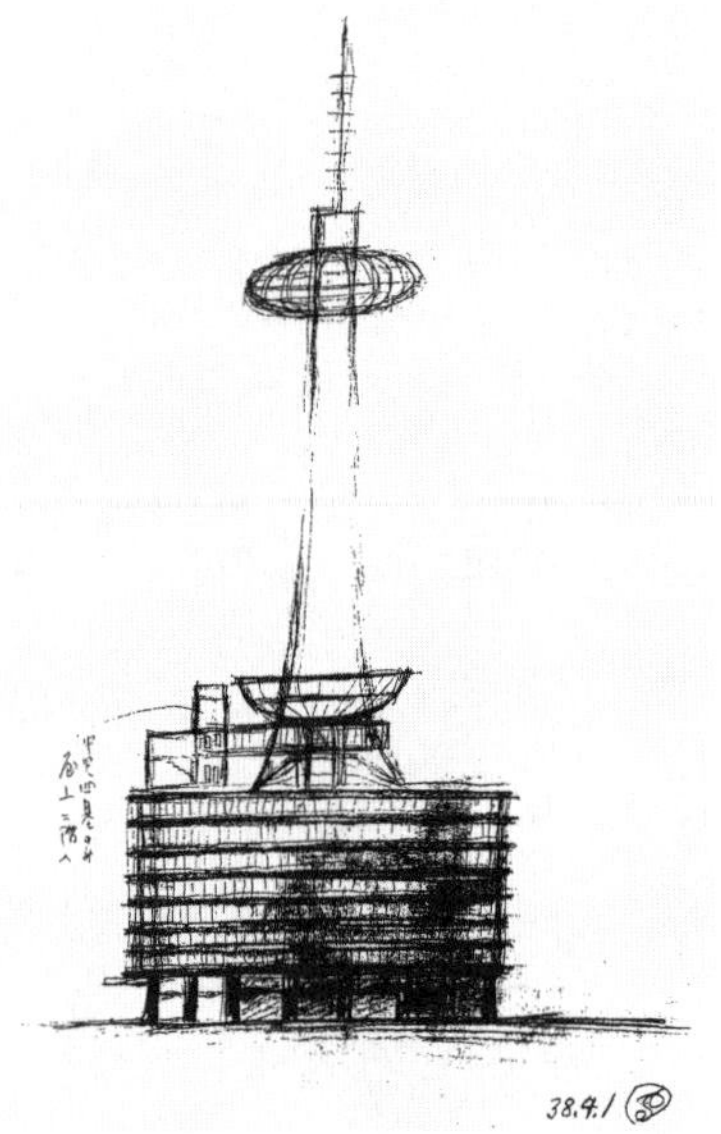

山田守による京都タワーのスケッチ。「38.4.1」（昭和38年4月1日）の文字が見える（「山田守設計による京都タワービルの設計過程に関する研究」より）

は、はっきりと分かる。すぐにそれと認知でき、記憶の中にも蘇る。軽やかに抽象化を図るデザインによって、遠くから眺められた時に真価を発揮する平易で独創的なシンボルを京都に生み出したのは山田守の才能であり、稀有な個性だろう。

炎上の後に

冒頭の長谷川堯の文章には続きがある。

しかしこれも完成してから十年以上経過してみると、山田守のデザインはなかなかのものであったことを思い知らされる。〈中略〉山田さんは、とにかく建築の外形ということに関しては誰よりも本気であった建築家だ。そして、その形がひとの心になじむことをいつも真剣に考えていたひとであったことに、やっと最近になって私は気付いた。（傍点原著者）

そう、デザインが可能にすることに対して、山田守は真剣なのだ。デザインの優劣に言及せざるを得ないのが、建築界の人間の本性に違いない。そうでなければ優れた物体を社会に生み出せない。しかし、そうした「デザイン意識」を露呈させるのは劣った、社会的でない行為であるという意識が、少なくとも、京都タワービルの建設当時にはあった。

民主主義社会における建築家の職能は、単に設計の依頼に対して、機能と形の美しさで応えることであってはならない。企画段階から関与し、都市の総合的なデザインに携わり、市民参加を促進することが求められる。そんな企画、都市デザイン、市民参加へという理想は、今から約五〇年前にも存在していた。丹下や西山、より下の世代の神代らは戦後派として、それらを武器にした。点という以上に面として進行し始めた「開発」に対する、当時の知識人の疑念にも共鳴するものでもあった。

三つのテーマに山田守が疎かったことは事実だろう。だが、それらを完備した仕事が社会の中で実際、どのくらい存在するのか？「正しさ」の炎がおさまって振り返った時、分離

京都タワーの曲面から京都市街を望む。中央は烏丸通。その左は東本願寺

派から一貫して「デザイン」が社会を作ることを信じ続けた彼の営みは輝き、その光の中で照らし出されるのは、かえって今の私たちの姿勢ではないか。

山田は戦前から、建築にキャラクターを与える大きな構想力を備えていた。彼が好んだ曲面は、異なるスケールを横断できる形態にほかならない。心の中に抱くイメージは大きさを持たない。彼のデザインはそれと共鳴する。そして、公共建築であっても、自分のものと思えるようになるのだ。

山田という建築家は、東京の武道館と共に、社会的な設計を行う上で和風意匠には人々がイメージを有しているという強みがあることを、曲面的な抽象化という手法で示した。都市に象徴性は要らないのか。デザインは忌避されるべきか。京都タワーは、より炎上しがちな私たちの心に静かに問いかける、消せない炎だ。

第八章　国立京都国際会館

京都議定書の舞台

二一世紀になって「京都議定書」という単語を耳にするようになった。地球温暖化の原因とされる二酸化炭素などの温室効果ガスについて国ごとの目標を定め、先進国に削減を義務付けた国際条約だ。二〇〇五年に発効して地球環境への意識を高め、産業のあり方にも大きな影響を与えた。

「京都」と冠されているのは、京都で一九九七年に開かれた会議で議定書が採択されたからである。会議には締約国とオブザーバー国の一六一か国、地域の代表二二七三人、IGO・NGOなどのオブザーバー三八六五人、報道機関四八三社三七一二人の計九八五〇人が参加し、予定の会期を一日延長して難しい交渉は合意を見た。舞台は国立京都国際会館。一九六六年五月、比叡山を背にした京都の宝《たから》ヶ《が》池《いけ》に日本初の国立の国際会議場として開館したものである。

京都国際会館の内部。770人収容の会議場Aは構造体の形を顕著に現している

英語では「Kyoto Protocol」と言うように、国際協調のシンボルとして日本の都市の名が歴史に刻まれる。会館の構想は、そんな日を夢見て始まった。設立の閣議決定がなされたのは、敗戦から一二年後の一九五七年。ニューヨークの国際連合本部ビルや、ジュネーブのパレ・デ・ナシオンに匹敵する規模の施設を建設するとされた。後者はかつての国際連盟本部であり、第二次世界大戦後は国際連合の事務局が置かれている。当時、「国際」という言葉は現在は想像が及ばないほどに輝いていただろう。国立京都国際会館はいささか気負った、日本の国際社会への復帰の象徴として計画されたと言える。

その前にも「国際」の時代はあった。国際連盟で日本が常任理事国を務め、国際協調の一翼を担っていたのは第一次世界大戦後の一九二〇年代のこと。同じ時期の建築界で言えば『国際建築』が代表的だ。一九二五年に創刊された国際建築協会の機関誌『国際建築時論』を前身として、一九二八年から発行された雑誌である。一九二九年に大々的なル・コルビュジエ特集を組むなど海外情報を積極的に紹介、国内にモダニズムの潮流を広げた。しかし、一九三三年に日本は国際連盟を脱退。戦時体制へと向かう中、『国際建築』も一九四〇年には休刊を余儀なくされる。

同誌は一九五〇年に復刊し、戦前以上に国際的な情報の窓口となった。一九四五年の敗戦を経て、国際的であることは再度、理想化された。モダニズムの流れは自明であり、国外の動きを吸収した上で、では私たちはどうやって建築を作るかということがテーマとなっていった。

この二度目の「国際」の時代、第二次世界大戦後の日本の建築家たちの金字塔が国立京都国際会館だ。実現した建物についてだけではない。惜しくも建たなかった数々の案も含めてである。

ハイレベルなコンペ

国際社会における日本のシンボルを、誰が設計するのか。国立京都国際会館は、設計者を決めるために行われた公開コンペ（建築設計競技）の質の高さでも知られる。一九六二年一二月二五日に告示され、一九六三年六月一五日の締め切りまでに一九五案が寄せられた。審査結果の発表は同年七月一三日。大谷幸夫《おおたにさちお》が最優秀、芦原義信《あしはらよしのぶ》、大高正人《おおたかまさと》、菊竹清《きくたけきよ》訓《のり》の案が優秀賞に輝いた。大谷は一九二四年生まれで当選時に三九歳、芦原が四五歳、大高三九歳、菊竹三五歳。いずれも第二次世界大戦後に建築の設計をスタートさせた世代だ。今の感覚では驚くほどに若く、その後に一層有名になる巨匠四人が入選者に揃い踏みした。

その他の応募者も豪華だ。坂倉準三《さかくらじゅんぞう》、吉村順三《じゅんぞう》、吉阪隆正《よしざかたかまさ》、清家清《せいけきよし》、槇文彦、岡田新一《しんいち》、黒川紀章《きしょう》、原広司《ひろし》といった戦後建築史を彩る名が連なる。応募案は一九六四年に『国立国際会館設計競技応募作品集』としてまとめられ、日本建築学会から刊行された。プロポーザルコンペではない。どれも実施を前提に詳細な決定がなされているから、同書を開いただけでも、細い線の一本一本に、光線や構図を検討し尽くしたであろう模型写真に、それらを統合する構想力に投入された膨大な知恵と労力に目眩《めまい》がする。そのどれかが実際に建っているかのように想像して、空間をさまようことだってできる。

一流建築家たちが腕を振るった理由の一つに、審査員の顔ぶれが挙げられる。一一名からなる審査会の中の建築家は、伊藤滋《しげる》、佐藤武夫《たけお》、丹下健三、前川國男《まえかわくにお》、松田軍平《ぐんぺい》、東畑謙三の六名。それに伊藤忠相談役の伊藤忠兵衛《ちゅうべえ》、経団連会長の植村甲午郎《うえむらこうごろう》、倉敷レーヨン社長の大原総一郎、外務省の奥村勝蔵《かつぞう》、京都市長の高山義三が加わった。実際に設計を行っている者が審査員の過半数であり、第一線の建築家が含まれる。若手にもチャンスがあると感じさせたことは想像に難くない。そして実際、結果がそうなった理由も、意欲的な審査員の編成にあるだろう。審査は七月一日から一三日まで六度に及んだ。都度ごとに評価法を変え、多角的な視点から案を絞り込んでいった。

最優秀作品の設計者に「基本設計および実施設計ならびに設計者の意図を実現するに必要な監理の一部」を委嘱《いしょく》すると募集要項に明記されていたことも大きい。コンペを主催したのは建設省で、同省営繕局の中に事務局が設けられた。国立施設の公開コンペとして第二次世界大戦後の最も早いものが、一九五四年五月に締め切られた国立国会図書館だ。ただし、実施設計と監理は建設省営繕局が行うことが定められていたため、一等案に選ばれた前川國男建築設計事務所の所員チーム・ＭＩＤ同人が担当できたのは基本設計のみであり、その後は工事の仕上げ段階で非公式にディテールに助言するに留まった。こうした扱いを建築家の権利が守られない戦前からの悪習であると問題視し、改善を求める建築界の声が届いたものとして、国立京都国際会館のコンペは歓迎された。

加えて、求められた課題も創造力を掻き立てるものだった。建設大臣名による募集要項のまえがきは、語りかけるようだ。平易でありながら格調高く、建築家への期待の大きさに感銘を受ける。

わが国の国際的地位の向上にともない、近時国際的な諸会議がわが国において開催されることがしだいに多くなっている。にもかかわらず、これらの会議の開催にあてるべき適当な施設がわが国にはほとんどない現状である。

この状況にかんがみ、国は、各種の国際会議にあてるため、国立国際会館を建設して、積極的に主要な国際会議をわが国に招致し、もって政治、経済、学術等の分野においてその飛躍的発展をはかるとともに、国際文化の交流国際親善に寄与しようとするものである。

この会館は、さらにわが国文化の海外紹介という面からも重要な意義をもっている。この意味において世界の人びとを招くにもっともふさわしい場所として、その建設地を京都と決定した。したがって、この会館は主要な国際会議を円滑に運営するための十分な機能と設備を備えることはもちろん、国際文化観光都市京都の新らしいシンボルとして、世界に誇るにたる優れた造形作品であることが要求される。ここに国は、この会館を真に優れた施設とするため、この設計案を広く一般から募集することにした。全国の建築家諸氏がこの設計競技に参加し、優れた設計案を寄せられんことをせつに望んでやまない。

台形と逆台形の組み合わせによって変化に富んだ造形を生み出した

今までに存在しない建築を

最優秀を得た大谷が実施設計者となり、工事は一九六四年一月に始まった。応募案を曲げることなく一九六六年五月に開館した国立京都国際会館は、まず外観の独創性に目を奪われる。

全体が台形と逆台形の組み合わせによって形作られている。斜めに突き出した柱や板材を組み合わせたような壁面が、合掌《がっしょう》造りの集落や神社を連想させる。粗く仕上げたプレキャストコンクリート面は日本の伝統建築に見られる率直さと、近代的な力強さを兼ね備えている。「国際文化観光都市京都の新らしいシンボル」を求めたまえがきへの回答とみなせる。

ただし、外面的な日本らしさの表現のみが要求されたのでないところが、戦後を代表する名コンペと言われる所以だ。大谷も説明にあたっては、直接的に過去の日本建築の形に言及することを避け、台形は求められた二〇〇〇人規模の大会議場のスケールが大きいために壁面を内側に傾けて山への圧迫感を和らげたもの、逆台形は執務空間にさしかけた庇であるとして合理的な解説に徹している。

他の入選案も同じである。芦原の案は平面的には弧を描き、立面的には地形に合わせて伸びる建物から高層棟が突出し、軸線をずらした日本建築の塔を思わせる。大高の案は量塊的な構成が、伝統的な屋根のようだ。菊竹は建物全体を高く持ち上げ、柱による場を作り出している。そして、どの案も透視図で強調しているのが内部における立体的な居場所の存在だ。

建築家たちが総力を挙げた戦いの焦点が、空間の造形にある。だからこそ、国立京都国際会館は日本のモダニズムを代表するコンペなのだ。

「和風」に安住しない国際都市

現実に建っている国立京都国際会館に戻り、中に入ろう。床のレベルがいくつもある。見通して体験が予期できるような一様な空間ではなく、溜まりとなる場が豊富に用意されている。空間の多様性を方々に設えた調度品や美術品が高めている。コンペでは全工事費の一%を内外の美術家の協力を得て行う装飾の費用とすることが明記されていた。会議室やロビーといった、それぞれの空間に見合った椅子やソファ、ベンチなどをデザインしたのは剣持勇《けんもちいさむ》。篠田桃紅《しのだとうこう》や菅井汲《すがいくみ》らの芸術作品も各々エネルギーを発して、空間を変容させている。

巧みな高低差が設けられたメインロビー。剣持勇設計の調度品が並ぶ

ふたたび外に出れば、インテリアから彫刻、建物、庭園までが一続きになっているのが分かる。それによって公式の会合だけでなく、非公式の交際も育む場が生み出されている。インフォーマルなコミュニケーションなしには、京都議定書

人工と自然が一体となった新しい和を目指し、庭園のデザインにも力が込められた

のような複雑な合意もおぼつかないのだから。

日本を支えてきた優秀な官庁営繕組織がここで自らの決定を手放し、建築家の構想力のサポートにまわった事実は、今までに存在しないものが求められていることを賢明にも承知していた証と受け取られる。国際社会への復帰のシンボルとして企てられたのは、国際連盟や国際連合の本部のように単一の組織が使い続ける施設ではなかった。もちろん、単なる貸会議室の集合体でもない。それまでにない建築種別としての「国際会館」への解答が必要だった。予期可能な合理性でも、外面のシンボリズムでもない。立体的な空間によって、初めての機能を現実化することに、戦後世代の建築家の知性が投入されたのだ。それは国際都市としての京都という思想が、建築に最も結実した瞬間でもあった。

第九章　京都信用金庫

不確かな時代への挑戦

時代は移りゆく。それでも必要とされる存在としての「建築」を根本から考えようというのが、建築家・菊竹清訓の思想だった。

つまり、彼は建築が変化する時代に対応できる、対応しなければならないと信じていた。また、それまでにある思考の枠組みや形のあり方から出発するのではなく、物事の成り立ちの根本に立ち返り、そこから設計しようとした。以上の二点は、建築におけるモダニズムの性格だ。

ただし、立脚しているのが、固定した「現在」ではないのがポイントである。彼は時代は常に移りゆくものだと認めた。その上に、建築という存在を打ち立てようとした。もし時代の進路に一定の方向性があって、何が必要で、何が要らなくなるかがあらかじめ判明するとしたら格段、問題にはならない。例えば将来どの部材が老朽化し、どの空間が要らなくなるかが分かっていたら、それらは工学的に処理できる事柄で、現在の条件に繰り込めるに違いない。

そうではなく、時代というものに先が読めない不確かさがあるのが要点なのだ。不確かさは歴史的にもあったし、将来にもあるだろう。大きなものとしては、建築を基礎づけている社会がどうなるか分からないし、個別のこととしては、一人一人の人間がどう感じ、どう動くようになるかも分からない。こうした事実に直面し、受け入れて、建築を創作しようという態度は先ほどとは違って、一九二〇年代の建築のモダニズムの一般的な傾向ではない。工学的に処理できる事柄には収まらない時代の推移を前提として、社会を良くできる建築を根本的に考えるという主題は、破壊の後に世界が新しいものになった第二次世界大戦後に現れた。

このようにモダニズムを突き詰めた上で、それまでのモダニズムと違った性格を有した建築家は、菊竹だけではなかった。一九二八年に生まれた彼のまわりの世代に共通した性格である。日本におけるその代表が、メタボリズム・グループだ。グループは菊竹を始め、槇文彦、黒川紀章、大高正人などにより、一九六〇年に東京で開かれた世界デザイン会議の際に形をとった。アピールをまとめ上げたのは、編集者・評論家の川添登《かわぞえのぼる》であり、建築家だけでなく、インダストリアルデザイナーの榮《え》久《く》庵憲司《あんけんじ》、グラフィックデザイナーの粟《あわ》津潔《づきよし》もメンバーの中に含んでいた。

旗印である「メタボリズム」は「新陳代謝」を意味する英単語だ。生物の細胞が入れ替わるように、現代の建築も時代に即して交換や変更が可能なように作られるべきという考え方は、確かにメタボリズムの思想の中に盛り込まれている。ただし、グループは物理的な変更可能性だけを問題にしていたのではない。しかも、建築家ごとの思想や手法は大きく異なり、相互にほぼ正反対と言える者もいる。

メタボリズムのメンバーが真に共有していたのは、先に述べた、不確かな時代を前提とした社会改良の意志なのだ。中でも菊竹は、常に最新の時代性に応えることと、建築が必要であり続けることへの信念という、通常なら引き裂かれそうな背反の中を、二〇一一年に八三歳で没するまで、生き続けた。

コミュニティ・バンクという思想

そんな菊竹らしい作品は、京都で見ることができる。京都信用金庫の支店・本店群である。一九七一年以降、菊竹清訓建築設計事務所の設計で七〇作以上が実現した。単に数が多いというだけではない。それらは共通して、それまでの一般的な金融機関の支店と異なる思考の枠組みに基づいて、形のあり方を変えている。一九九〇年代まで長きにわたる連作は、菊竹なりの時代との格闘の軌跡を、最も物語るだろう。

日本の建築史の中でも珍しい連作は、一九七〇年四月に菊竹清訓と同じ一九二八年生まれの榊田喜四夫《さかきだきしお》が四一歳という若さで、京都信用金庫の理事長に就任したことで始まった。

信用金庫は日本の金融機関の一種だ。営業地域が一定の地域に限定され、大企業や営業地域外の企業・個人には融資が行えないなどの制限がある。制度としての源流は、一九〇〇年に成立した産業組合法にある。これによって規定された産業組合が、現在の農協、生協、信用協同組合などの母体になっている。ここから単独の法律として一九四三年に成立した市街地信用組合法により、市街地信用組合が法制化された。戦後、一九五一年の信用金庫法によって、現在の信用金庫となった。

榊田が抱いた「コミュニティ・バンク」の理念は、こうした信用金庫の成り立ちに基づくものだった。銀行は株式会社組織の営利法人である。全国を対象とする。主な取引先は大企業となる。信用金庫はそれとは違う。だから、銀行の単なる小規模版ではあってはならない。地域の中小企業や個人を取引先とした非営利法人であることは、信用協同組合と共通する。しかし、信用協同組合が組合員の相互扶助を目的に据えているのに対し、信用金庫は会員以外からの預金に制限がないといった特質を持つ。

ここから榊田は、信用金庫が立脚するものが全国でも個人でもなく、地域社会であることを再確認し、地域社会を積極的に「コミュニティ」と命名した。そして、地域の産業経済発展と文化的側面を含めた住民生活の豊かさを実現させるためのサービスを積極的に展開すべきとした。

理事長になった榊田はすぐに「コミュニティ・バンク」の理念を現実化する方策を、親交のあった社会学者の加藤秀俊《ひでとし》に相談した。加藤が大阪万博や未来学会などで付き合いの深かった川添登に話を持ちかけた。一九七〇年一〇月、シンクタンクであるCDI（コミュニケーションデザイン研究所）が創設される。川添が所長であり、加藤、榮久庵、菊竹、梅棹忠夫《うめさおただお》、小松左京《さきょう》らが創設メンバーだった。

京都信用金庫の店舗デザインは、CDIの企画を中心とした空間計画チームによって行われた。チームには建築を担当する菊竹清訓建築設計事務所がおり、道具のGKインダストリアルデザイン研究所（榮久庵憲司）、サインの勝井三雄《かついみつお》デザイン事務所や粟津潔デザイン研究室、ユニフォームの水野正夫《まさお》が集まった。建築設計協力者として作庭の重森完途《しげもりかんと》、子どもの遊び場の小川信子《のぶこ》なども加わった。豊かな地域性と中小企業の文化を持った京都から、当時の四〇歳代を中心としたチームが、総合的なデザインを世に送り出したのである。

傘のような構造体

すでに取り壊されたものもあるが、こうしてデザインされた支店の一九九〇年代までの変遷は、今もおおむねたどることができる。京都に立地するものを中心に、時代順に見ていこう。

スタートは一九七一年で、京都府城陽《じょうよう》市に位置する城陽支店の設計が一月から三月にかけて行われ、四月に開始された工事を七月に終えた。この頃に京都市内の九条支店と修《しゅう》学院《がくいん》支店の設計が始まり、二店舗は一二月に完成した。従来の国内の銀行とは建物の形が異なり、周辺環境やサインに対する考え方も違う支店が、榊田が理事長に就任した翌年末までに三つも実現したのである。

「アンブレラ・ストラクチャー」の開発がスピード感を可能にした。その名が示す通り、傘のような鉄の構造体で、一本の柱が屋根を支えて自立する。直径約四〇センチの鋼管の柱の上部から背の低い三角形の梁が十字形に突き出して、全部で正方形を描く軒梁を支持し、二つの間にＨＰシェルと呼ばれる数学的なカーブに沿って鋼板が架け渡され、屋根が構成される。

こうした仕組みにより、通常であれば四本から九本の柱が必要な面積を、一本の柱で覆《おお》

屋根を構成し、照明も一体化したアンブレラ・ストラクチャー

うことが可能になる。単体で構造が完結しているので、内外の仕切りを壁にするか窓にするかは自由に決められる。複数をつなげば広い内部空間も確保できる。規格化することで設計の省力化も可能で、その分の時間を他の配慮にあてられるのだ。

従来と異なる構造であるため、現場が最初は戸惑うかもしれない。しかし、同じつくりを繰り返すことによるノウハウの蓄積は、工事期間の短縮という旧来の構法に対するアドバンテージをさらに広げるに違いない。これが三支店に共通して使われ、最初の店舗は三か月強、二番目は約七〇日、三番目の店舗は八八日の工期で立ち上がった。

京都の信用金庫が付与したいイメージにも、アンブレラ・ストラクチャーは適している。

普通、銀行と聞くと壁が連想される。壁は金庫のようだ。顧客から預かった資産を守ったり、プライバシーを保護したりといった、与えたい信用というイメージが張り付いているだろう。他方で、同じ形が保守的で閉鎖的、相談しづらく、地域の性格と無関係であるという印象につながる。

これは正反対である。空間を形成しているのは屋根だ。一本の柱が立つことで、人が入れる覆いができる。それを壁が補助している。これによってできる全体の形が、まず他とは違う。固い守りに入った銀行ではないという印象を与える。壁は補助材であり、軽快なガラスやパネルで仕切るだけなので、建物の内部と外部との親和性も生まれやすい。大きくない単位が連結する効果もある。カーブを描いて連なる屋根は、住宅地にあっても違和感が少ないし、遠くの山並みの形にも呼応する。

信用金庫は、中心部のオフィス街だけに店舗を構えればよいという業態ではない。住宅地であったり、郊外であったり、さまざまな場所に店舗が位置して、相談事ができた時に、あそこにあったなと思い出して来てもらえると良い。傘の形は柱が天を指して、スカイラインを書き換えるだろう。通り過ぎる車の窓からも印象に残りやすい。

やはり、傘の建築は、壁よりもふさわしい。古都・京都だからといった外側目線のイメージによる「屋根」ではなく、機能性や場所性といった普段遣いの内側からさしかけられ

幹線道路沿いに建つ城陽支店

た「傘」というのが、また良いではないか。

四つの傘の三者三様

最初の年にできた三つの支店は、九・六メートル四方のアンブレラ・ストラクチャーを四つ使用している点では同じだが、形は大きく違っている。

城陽支店は、京都駅から南方に一五キロほど行った幹線道路沿いのショッピングセンターの一角に位置する。四つのアンブレラ・ストラクチャーが、少し軒を離して立てられている。内部で正方形に並ぶ四本の柱の間に床を張って二階部分を形成し、そこにコミュニティ・ホールが設けられた。

コミュニティ・ホールとは、業務上は会議室などに利用し、地域住民の利用も想定した部屋である。さまざまな機能を可能にするために、空間はできるだけフラットに仕立てられている。よって、建築家が決める最も大事な事柄は、それをどこに、どのように配するかということになる。個々の活動に寄り添う役割は、可動式の家具やインテリアに託されて、その開発も重要になってくる。

コミュニティ・ホールは、以後の支店の特徴にもなる。その配置や家具・インテリアデザインとの相乗効果の探求は、京都信用金庫という連作の最大の見どころの一つなのだ。

この第一作は正方形の中に正方形を置いている。連作中で最も規則的な形式だ。初めてで試行的であることに加え、場所性の弱い郊外のロードサイドという立地も理由だろう。ただし、単調ではないのである。コミュニティ・ホールは天井に四枚のHPシェルが寄り集まって、部屋の隅に行くほど天井が高くなった、見慣れない空間が成立している。外部から見た時には、アンブレラ・ストラクチャー間の隙間を利用したドアや、出入口カプセル、ATMカプセルが本体に接合する部分など、寸法ルールを再解釈したデザインが格好いい。

内部では金庫もカプセルのようにデザインされ、壁に斜めに取り付けられた。将来、完全にキャッシュレス化が実現した際には必要なくなり、それまでは象徴的な役割を果たすという考え方に基づいた、GKインダストリアルデザイン研究所のデザインだった。形式の決定が変化を可能にする面白さは、第一作からすでに探求されていて、ここからさらに

コミュニティ・ホールを持つ建物と組み合わせた九条支店

展開する。

九条支店でも、四つのアンブレラ・ストラクチャーは正方形に配列されている。異なるのは、背後に鉄筋コンクリート造の建物が付属している点で、最上階の三階にコミュニティ・ホールが置かれ、その重要性を視覚化するかのように屋根も壁も出っ張っている。下の階には職員用のスペースや支店長室や応接室が収められている。

本作においてアンブレラ・ストラクチャーが覆う空間は、職員の事務室、接客部分、利用者の待合が一体となった営業室にぴったり対応している。それは純粋な空間の広がりと言えるもので、視線は抜けながら、天井はアンブレラごとに上下していて、そんな気配の抑揚は、柱から広がる形の照明器具がつくる光のデザインによって、より人間の大きさに近いものとなっている。

バス停の待合所になるようにした修学院支店の外部空間。右の山は比叡山

九条支店はJR京都駅の南側にあり、京都南部の中核的な位置づけが与えられたために規模が大きい。太い道路に面し、建物は隣の駐車場に近接している。効率に圧倒されがちな環境の中で、アンブレラ・ストラクチャーと、出入口カプセル、ATMカプセル、駐輪場といった付属物が合わさって規律づけられ、人のための空間を確保している。

大から小までのデザインが最重視しているのは、人間の身体と心がどう感じるかということであり、それらは整合されているから、場当たり的な合理化や機械化に対して侵食されづらい。適切な規格化は人間らしさの敵ではなく、味方ではないか。自由な曲線よりも、ヒューマンなのではないか。そんな設計チームの思想が感じられる。

続く修学院支店も、四つのアンブレラ・ストラクチャーが営業室を構成している。しかし、卍型に配置されている点が異なる。そのズレが内部空間に中央の採光窓を軸とした動きを生み、建物の南側にとられた外部空間に変化を与えている。

プラザと呼ばれる外部空間には、大通りに沿った位置に大きなクスノキが植わっている。木陰には隣接するバス停の待合所になるよう、ベンチが置いてある。ATMカプセルや電話ボックスもここに面していて、ちょっとした広場になっている。建物の高い位置から張り出した時計が、バス待ちの間にもよく見える。正方形と円の構成に色彩でアクセントを加えた京都信用金庫オリジナルデザインの時計は、他の支店でも使われた。モダンでポップだ。

広場から奥の駐車場まで、プラザは緩急を持って続いている。建物が張り出しているのは七段の階段を上がった位置で、広場にあったのと同じ形のベンチが設置されている。外部空間と建物とプロダクトが寄り添って、ここに自然なたまり場が生まれるよう、計算されているのだ。再び階段を降りると、車が何台か停められるスペースに行き着く。一連の外部空間は近隣住民の通行に開放されている。

散策したくなる緩急は、建物の高さをできるだけ抑える工夫と関係している。階段を上がった部分の下に半地下があり、職員の食堂などはそこに設けられた。コミュニティ・ホ

アンブレラ・ストラクチャーを卍型に配置した修学院支店の営業室

ールは駐車場の地下にある。これらの部屋に日の光や外の空気を届けるため、地下に中庭がつくられている。大小のモミジが植えられ、その葉が以前はガラス越しに見えて、営業室の空間に興を添えていた。

地下空間の利用により、四つのアンブレラ・ストラクチャーだけが地上に現れている。見たことのない姿が、他の金融機関との区別を明確にする。建物だけが目立っているのではないことで、企業の存在は印象付けられるのである。同時に背後に連なる比叡山や、近隣の家々の屋根とも馴染む形だ。敷地の多くが開放されたことで、人々の日常の中に、企業の存在は身体的に入り込んでくる。散歩やバス待ちの間にATMが目に入り、企業のサインが記憶されるだろう。

人の身体と心に浸透するのは、それらが自然だからに違いない。なぜそう感じられるのか。控えめで、効果的だからだ。二つが両立するのは、全体が統合されているためである。建物、プロダクト、サイン至るまで、チームによる規格化の効果が実証されている。

能力ある人間が連携し、それぞれに展開力のあるプロトタイプの開発と適用の工夫に注力すれば、効率性と個別性、永続性と可変性、利益と利他主義とが矛盾なく両立する世界がやってくるのではないか。二〇二一年に解体されてもう目にすることはできないが、そう夢見させる建築だ。

二年目の充実

展開は二年目に加速する。翌一九七二年には三支店が開業した。

円町《えんまち》支店は、アンブレラ・ストラクチャーを一つだけ用いた初めての試みである。一辺の長さは一四・四メートルと、以前の一・五倍に広がった。比例関係は同様であるので、天井も高くなった。おおらかな内部の空間の真ん中に、一・五倍の太さの柱が伸びている。外観にも突き出し、大きな屋根を従えた大黒柱のようだ。

旧市街地から洛西《らくさい》地域への入口にあたる立地が、古典的ともいえる展開をうながしたのだろう。通り沿いには、太く短い柱が林立している。一見、古典的な銀行建築の列柱を連

歩道沿いの列柱が特徴的な円町支店。手前側がプラザ

想させるが、中は空洞で、ＡＴＭや電話を組み込むことも想定されていた。円柱の間はガラスがはまり、店内のブラインドを下ろせば、視線が完全に遮断できる。

列柱の一番の役割は、すぐ隣を走る歩道と営業室との心理的距離を離すことにある。日本建築の建具や道具に似ている。加えて、アンブレラ・ストラクチャーがつくる空間に下屋《げや》を付けた空間構成は、仏教建築の母屋と裳階《もこし》の関係を想起させる。この組み合わせが、以後もよく使われるようになる。

現在は失われているが、以前は建物に匹敵する大きさのプラザが隣接し、そこから店内に入るようになっていた。隣にあるコミュニティ・ホールの壁も含め、プラザのまわりには一面のレンガタイルが貼られた。反対側は打放しコンクリートのままだったから、プラザの建設が都市的で人間的な新しい領域の切り開きであることを明確化する意図が、タイル使いにあったと思われる。

グラフィックデザイナーの勝井三雄が、そこに京都信用金庫のシンボルマークに含まれる日本の伝統的文様である流水紋をモチーフとした模様を施した。重森完途はプラザの中央に、木々の枝ぶりや石の肌合いに頼らない、抽象絵画を思わせる庭園を作庭した。個性的なデザインが協働して、来訪者が目的なく歩き回れるような空間をつくり出したのである。

菊竹も含めた制作者から色濃くうかがえるのは、伝統というもののポピュラーな表層を超えた奥底にある本質を、我こそが見極め、応用できるといった自信である。皆が個性的であり、この一点だけは共通している。だから、コラボレーションは刺激的であり、そして成功したのだろう。

西陣支店では、アンブレラ・ストラクチャーを用いなかった。最大の理由は、連作の中でも最大の延床面積が、市内において必要とされたからだった。要求される駐車台数も多く、二基のタワーパーキングを一つにまとめた塔が、代わりに天にそびえた。計画当時、周囲はほとんどが木造家屋だった。それを考慮して一階の床を通りから少し下げ、天井を奥に行くに従って高くした。求められる営業室のスペースを確保しながら、通り沿いの高

タワーパーキングをデザインに取り込み、屋上を開放した西陣支店

さを町家並みに抑えたのである。

プラザは段々になった広い屋上に設けられた。床に木レンガを敷き詰めて柔らかな雰囲気とし、街灯やベンチは公園のようなデザインで整えた。それを囲むように、ガラス張りのコミュニティ・ホールが配置された。通りから外階段で直接に上がれる屋上は、子どもたちの遊び場となり、縁日が並び、近隣集会や織物業の展示会などの種々の行事に用いられた。

タワーパーキングのある景観は、国内第一号機の登場が一九六二年なので、この時まだ一〇年しか経っていない。それを異物とみなすのでなく、サイン計画や建築計画に取り込み、車を気にしなくて済む空間と両立させたのだった。

新しく出現した技術を積極的にデザインの領域に組み入れることで、人間の行動はより活性化され、古くからある良さを受け継ぐことができる。そんなポジティブな態度が、アンブレラ・ストラクチャーのあるなしに関係なく一貫していることを、西陣支店は示している。

枚方《ひらかた》支店が大阪府内への初出店となった。京都市内とは異なる新興住宅地域への対応として、アンブレラ・ストラクチャーではなく、幅一・八メートル、軒高六メートル、スパン一八メートルの高強度プレキャストコンクリートの門型フレームを並べ、柱のない内部空間を実現することによって、工期の短縮とコストの削減が図られた。幅は自動車のサイズに合わせている。モータリゼーションの最先端である場所らしく、人ではなくて車が、象徴的な単位になっているのだ。

それでも、車をあくまでも個別のものとして扱う手付きは、人間をただがらんとした大空間に収容しない姿勢に通じて、工場で生産された部材は細かな開口部を成立させ、統一されたカウンターやベンチのデザインと共に親身な空間を実現していた。現存しないが、これもまた規格化の勝利だった。

多様性を増す手法

その後、京都市内につくられ、現存するものをいくつか追いたい。

一九七四年に完成した北山支店は、アンブレラ・ストラクチャーを一つ用いたものだ。

北山支店の手前のプラザでは人々が自然にバスを待っている

営業室の内部の空間は、外から目にした屋根型をそのまま反転した形となっている。室内全体を照らす正方形の大きな照明器具が、構造を支える中央の柱から吊り下げられている。

建築の基本的な形態が、求められる機能と構造と環境性能のすべてを兼ね備えるべきというのは菊竹の考え方である。設計者の思想が形として建ち、手前の煉瓦タイル貼りのプラザは都市に提供した私有地となって、今日も自然に人々がバスを待っている。一連の支店に共通する理念が、きれいにまとまった佳品だ。

この作品から後は、建物に一つ、屋外屋根にも一つを使った一九七七年のくずは支店（現存せず）を唯一の例外として、アンブレラ・ストラクチャーを使用する際には、一つだけで用いられるようになった。

当初は、将来のコミュニティ・バンクのサービス形態が預金、貸付、相談、コミュニティ・サービスの四要素に分かれ、それぞれに必要な一〇〇平方メートルの空間単位を約一〇メートル四方のアンブレラ・ストラクチャーによって与えるという設定だったが、使われ方を検討すると、一つでつくったほうが合理的と判断されたのだった。

コミュニティ活動についても、調査結果をもとに個別性の高い空間を設計できるようになり、「コミュニティ・ホール」から「コミュニティ・スペース」と呼ばれるものに変化した。継続的に同じチームに業務が託されたからこそ、計画し、実行し、それを評価して改善することが可能になった。そんなPDCAサイクルを通じて、さらに郊外であったり、ショッピングセンター内であったりといった場所性にもフィットする手法が編み出されていく。それと共に、アンブレラ・ストラクチャーは次第に、複数の手法の一つという位置づけに転換していった。

一九七七年の北野支店は、多様性を増した手法の組み合わせである。自動車を裏から入れて、奥にタワーパーキングを配置し、シンボルマークを付けたランドマークとしている。長い隅切り部を軒下空間とみなして人々を迎え入れ、子ども図書館やサロンなどのコミュニティ・スペースに個別に導くようにした。都市の交差点にふさわしい存在感を意図して、アンブレラ・ストラクチャーの高さも持ち上げられた。内部の営業室は、上部から光が落

交差点に面した場所を軒下空間とした北野支店

ちる壮麗な吹き抜け空間である。アンブレラ・ストラクチャーは主役の座を降り、ここではかつてない劇的な名脇役となっている。

　アンブレラ・ストラクチャーの下屋を初めて傾斜屋根としたのが、一九七九年の伏見《ふしみ》支店（現存せず）で、地域の景観規制に馴染ませたものだった。同様の手法によって一九八〇年に洛西支店、一九八一年に岩倉支店が完成した。これには京都の表情に合わせるというだけでなく、下屋部分で将来の増改築を容易にするという狙いもあった。

　郊外の店舗ではアンブレラ・ストラクチャーの使用が続いたのだが、それも一九八二年の高木町支店（現存せず）が最後となった。しかし、構想して試み、それをフィードバックして、次の場所性への適用を試みる。そんな挑戦の面白さは、アンブレラ・ストラクチャーに限定されずに連続している。

総合力としての建築

一連の京都信用金庫の仕事に、わくわくしないだろうか。もし同意していただけるとしたら、その理由は通常、建築とされるもの以上の広がりを持つからだろう。

第一に都市的な広がりである。道路にどのように面するかということから、地域にいかなる特性があるかということまで、店舗の設計は各々の場所性に応じている。固有の条件に立脚しているので、デザインの振れ幅は大きく、理由を知った時の納得感も深い。

このようにつくられているのは、信用金庫だからである。つまり、いたずらに店舗を大規模化するより、市内においては平均二キロ半径に一店舗という距離で目に付きやすい出店を行うほうが有利となる。そんな建築種別であるのだ。個別の点として地域に根ざし、結果として、面をカバーする。こうした方針が形に翻訳される機会を得たことで、多様なデザインと共通のイメージを備えた、一連の支店が生まれた。単なる点としての作品でも、面としての複製品でもない。一点一点の間にさまざまな補助線が引ける建築群であるから、鑑賞のしがいが絶大なのである。

第二は時間的な広がりだ。事業戦略との連携と言ってもいい。どこで設備投資し、いかに回収し、次のステージに展開するか。時間軸を考えない戦略はないが、それに建築の形が直接に関わることは少ない。特に作品と呼ばれる建築は通常、単体であり、完成後の変化は形の考え方に組み込まれていないことが多い。

本作は異なる。当初の計画は、アンブレラ・ストラクチャーの耐用年数を五年と定め、既存店舗を建て替えながら、約三〇～四〇店舗を更新していくというものだった。このプロセスで最初に建てられた店舗は五年目に解体され、機能や規模の要求に応じた変貌を遂げ、再構成されるというのである。支店を開設すると最初の五年間で預金のピークに達し、以後は貸付に重点が置かれる。こうしたリサーチ結果を直接に反映して、時間と共に変化する目的の助けであろうとした。工期短縮や転用可能性を念頭に置いて、アンブレラ・ストラクチャーの開発や機能のカプセル化が促進された。

実際には郊外をはじめとした、これから伸びそうな場所への出店が優先され、組み換えはほとんど行われなかったが、そのような場所は周辺の変化がより読みきれないのであるから、プレファブ化やカプセル化による短期施工や解体再利用は、アンブレラ・ストラクチャー以外の形でいっそう推進された。

一連の支店は事業戦略を実現すべく、企画を練り、形に落とし込む設計姿勢への果敢な取り組みから始まっている。それらは作品であることを放棄したようでいて、さらに軽やかで役に立つ建築の可能性を示唆《しさ》してはいないか。

第三に他領域への広がりも刺激的だ。これは上述した事業戦略との連携が必然的に導く結果であるとも言える。建物を建物だけで考えていても、パフォーマンスが上がらないのは明白だ。

榊田理事長の就任によって、京都信用金庫の経営理念として打ち出された会員顧客（Customer）、職員と家族（Company）、地域社会（Community）の三つのCを結びつけたシンボルマークが制定され、それは早速に建物の壁やタワーパーキングなどに組み合わされた。建物と他のデザインが引き立て合う関係は、外部のベンチや内部のカウンターなど枚挙にいとまがない。各種のカプセルは、その中間的な大きさにあって、両者の境を消している。どこまでが菊竹清訓の仕事かを問うことが二次的だと感じさせる一体感がある。それは重森完途の庭園や、勝井三雄による色彩計画、粟津潔の絵画との間にも言える。アート、サイン、プロダクト、建物といった通常のジャンル分けは消去され、造形に総合されている。

コラボレーションのあり方自体が一回一回で異なり、その結果、明白に他とは区別される京都信用金庫としての状態が生まれている。建物に閉じないことで、総合力としての建築が実現されているのだ。

建築の新陳代謝は失敗したのか

さて、ここで問題が出てくる。一連の京都信用金庫支店が一つまた一つと姿を消している現状を、どう捉えたらよいのだろうか。

一連の支店が最初に前提としていたのが短期間の使用であることからすれば、まだよく残っていると言えるかもしれない。それらは構造や環境の性能をある程度、割り切り、地域の実情に合わせた素早い建設が優先された施設なのだから。先に述べたように解体や増築のしやすさを設計に織り込み、それを目的としたことに大いに見るべき点がある。その性格からして、時間と共に消えるのは当然だとする解釈は、理にはかなっている。

さらに言えば、京都市内だけでも九条支店や円町支店など、オリジナルの状態をよく残す店舗がいくつも残存し、当初の構想を伝えているという事実は、当初の構想の失敗を意味するともみなせる。結局のところ建築は、新陳代謝のような変化を遂げなかったのだ。この点を重視すれば、アンブレラ・ストラクチャーやカプセルは、間違った前提条件に導かれた解答ということになる。

すると、店舗戦略が修正された後にもそれらが応用され、さまざまに興味深い支店が出現したことも誤りなのだろうか。そもそも、当初のアンブレラ・ストラクチャーを量産し、次々に組み替えるという構想が成功していたら、現在見られるような豊富なバリエーションは生まれなかったはずだ。一体、何が成功で、何が失敗なのか。

京都が生んだシステムとしてのデザイン

現存する建築に何を見るべきか、話がややこしくなってきたので、最初に感じた「わくわく」から再考してみたい。これらの計画の発端に存在し、事業戦略や社会のありようが変化し、店舗の形が変容する中でも変わらずに一貫して、単純な理屈に収まらない刺激を私たちに与えるものは「システムの夢」ではないか。

それはこういうことだ。正しい規格化は人間を幸せにする。大量生産によって安く便利な物品を供給するということを超えて、使い手に自由を与え、個人および集団を画一性から守り、その行動や心理が多様であることを保証する。それを可能にするのが「デザイン」である。そこには平面や立体といった断絶はなく、音や空間のように直接に目に見えないものも含まれる。アートから工業までを連続させ、自然科学から社会科学までの科学を味方につけるのがデザインであるから、それに関わる人間は一体となる。

一連の京都信用金庫の仕事が、他の建築作品以上に刺激的であるのは、個人を超えたこのような状態が感じとれるからだろう。

別の言い方をすれば、ここではサインも家具もアンブレラ・ストラクチャーも、カプセルのようだ。交換可能で、組み合わさって、全体として新たな機能を果たしている。参加した皆が、デザインが社会を良くすることができるという意志を強く保持している。一九二〇年代のバウハウスに代表されるモダンデザインの正統な子どもたちである。

デザインの前提が変化する時代であり、不確かな未来であるとなった時、いっそう作品性は消える。永続を前提としないのだから、物に個人を刻銘することとは不要だ。必要なのは、さまざまなデザインの協働であり、それを成り立たせるシステムである。それは使い手に、変わらない安心を、変わり続けることで保証するだろう。デザイナーの名は、使い続けられる道具のように、町家のように、忘れ去られるに違いない。

菊竹はそんなシステム性を楽しんでいる。それらに触れる私たちも楽しい。可能なのは京都だからである。エリアの違いが細やかであり、人間から隔絶していないスケールの都市であるから、場所に合わせた設計の内容に説得力がある。部材をストックしておいて、作り変えていこうという発想も生まれる。地場の経済の強さもある。信用金庫が影響力を持っている。創業家の出身らしい大きな着想が、システムとしてのデザインという理想像を垣間見せた、今見ておきたい建築である。

第一〇章　TIME'S

高瀬川を建築に取り込む

安藤忠雄が設計したTIME'Sは「伝統」に抗い、場所を引き立てている。京都の繁華街である三条通に面して一九八四年に完成し、一九九一年に増築された商業施設である。敷地は細長く、高瀬川《たかせ》に沿って伸びている。高瀬川は江戸時代初めに開削された運河で、かつては京都中心部と伏見を結ぶ流通路として多くの舟が行き交った。一九二〇年に水運が廃止されてからは、浅く穏やかな水面がただ広がっていた。設計を依頼された安藤は、この高瀬川を建築に取り込むことを考える。

高瀬川を跨ぐ三条小橋から眺めると、毅然《きぜん》とした壁が印象深い。上階に行くにしたがって奥まった位置に、数枚のコンクリートブロックの壁が立っている。安藤は打放しコンクリートの壁で有名だ。ここで構造をコンクリートブロック造(一部鉄筋コンクリート造)としたのには、敷地と計画道路の関係で仮設的な建物として許可された経緯があるという。

高瀬川を取り込んだ TIME'S

そうであったとしても、存在感は「仮設的」とは対極的だ。何がそうさせているか。張り詰めた設計と施工である。一対一対二の比率を持つコンクリートブロックは中途でカットされたり、別のもので覆われたりしていない。コンクリートブロックは建物全体の大きさを決める単位であり、構造体として露呈されている。

構成する素材によって寸法と仕上がりが決定されていることは通常、建築の強さを失わせるはずだが、ここではそうなっていない。構造体が仕上げになるという事実から、設計者が逃げていないからだ。コンクリートブロックは入念に施工され、平滑に仕立てられている。一定の間隔で鉄筋コンクリートの梁が入っているが、それもぴったり面一《つらいち》となっている。

鉄の手すりや黒御影石《みかげいし》の床にも同じことが言える。組み立てられていたとしても各々のパーツの個性は消され、正確な寸法に収めることを通して、コンクリートブロックならコンクリートブロック、黒御影石なら黒御影石といった、類としての素材感に昇華されている。設計者の領分に閉じこもり、ハプニングのような現場の荒々しい仕上げのズレが、かえって建築家の決定を引き立たせるといったような、例えばル・コルビュジエのような西洋の建築家の後を追っていないのである。

設計と施工の両面から厳しく統制することで、それぞれの素材が本来持っていた性格が自ずから、動かしがたい形態として成就しているかのように眼に映る。「仮設的」なものが持つ、設計も施工も統制されていない魅力とは正反対である。デザインと素材の要素は少ないが、それが異物を許容しない力となり、それぞれの素材の性格を理解して従えることで、偶然の肌合いなどに流されない完成度を備えている。それがTIME'Sだ。

「住吉の長屋」という画期

これほどまでに個別性に語らせずに全体を制御する姿勢は、少なくとも建物について言えば、日本の伝統の中にほとんど存在しない。にもかかわらず、私たちは日本人なのでうっかりと、自然を受け入れる余白だとか、変化に寄り添うといった口当たりの良い言葉を通して、安藤忠雄の作品を納得してしまう。設計者も時にそれに乗じた言い方をしたりする。

つややかな打放しコンクリートの壁は、日本建築学会賞を取り、世界にデビューした一九七六年の住吉の長屋以来、安藤のトレードマークとなった。これもTIME'Sのコンクリートブロックの壁と同質である。

安藤の最初の打放しコンクリート建築は一九七三年の冨島邸とされる。この時、素材の表面は滑らかではない。型枠パネルの割付にも気を配られていない。あと一つ加えれば、屋上にガラスのボックスが載っている。機能としてはトップライトで、建物の側面を閉じ、上方からの光を内部に導く構成は住吉の長屋と同じだが、ガラスが形として役割を演じている点が異なる。

この時点ではまだ、打放しコンクリートの壁は即物的な表情で、まさに「打ちっぱなし」の感覚だ。造形から見ていくと、壁というよりも箱と形容したほうがふさわしい。そこにガラスの箱が付加され、鉄筋コンクリートの箱と対等な関係で接合している。建物全体を立体としてデザインしている感が強い。住吉の長屋以後の安藤作品のように、壁は特権的な地位を与えられていないのである。

住吉の長屋

一九七五年の双生観（山口邸）でも、ヴォールト状のガラス屋根が載り、その透明な幾何学が形態として効果を発揮している。設計者自身は言及しないが、建築家の鈴木恂《まこと》に学んだのは明らかだろう。

鈴木は型枠パネルを用いた打放しコンクリートによる幾何学形の住宅を一九六〇年代半ばから手がけてきた。打放しコンクリートとガラスの存在を並列させ、デザインとしても仕上げとしても手数が少なく、ラフなものに見せる。それによって格好良いと同時に、使いこなせる道具のように、住まうことで補塡され、より完成する建築を作り上げた。俳優の宍戸錠《ししどじょう》の住宅は鈴木の設計で一九六六年に完成し、一九六九年にできた細谷邸には安藤の冨島邸と同型のトップライトがすでに使われているが、これはグラフィックデザイナー家族の住宅であるなど、打放しコンクリートのスタイルによって、スターやデザイナーの住まいに説得力ある解答を与えた先駆者であることは、もっと知られて良い。

美しいコンクリートのわけ

ただし、ここからが異なる。冨島邸が竣工した時、安藤は「近所からは『いつ仕上げるんですか』と聞かれたと語る。そこで「粗いコンクリート仕上げだけでは、日本人の繊細な感性には受け入れてもらえない」、「美しいコンクリートにしなければならない」と考えたと続ける。

前段はいささか日本人におもねった、後付けの説明に違いない。本当の理由は理屈を超えた、後段の直観だろう。粗いと完成に見えない。そんな感想を、建築を知らない庶民の先入観だとして切り捨てなかったのが、大学やアトリエからではなく、設計の依頼者や住民とのやりとりを含む実務の中で学び、自己形成した安藤らしい。そこから普通の作り方に後退するのではなく、さらに特殊なものへと先鋭化し、前方に抜け出る胆力も彼一流だ。

まだ仕上がるように思えてしまうのは、強さが足らないからだ。そこで、物自体で完成した感覚を与える打放しコンクリートが目指された。設計も同様だと、すぐに気づいたろう。住吉の長屋の前後に、造形は一元化されていく。主たるもの以外は、従属した形態をとる。揺れ動くデザインに見えてはいけない。線を少なくし、抽象化することで、不動の存在感が現れる。設計した人間の自我を超えた、物そのものから現れたような強さを設計し、施工させることが肝要なのだ。

「美しいコンクリート」とは、言うまでもなく、表面が均質に塗装されたといったことではない。それ以上、何も足す必要はないし、何も引けないと感じさせるコンクリートのことである。美しさは実用性と直接の関係を持たない。当然ながら「美しい」と「役に立つ」は別のカテゴリーだからである。役に立つからと言って美しくないわけではないが、役に立たなくなるとその分、存在理由が減るわけだから、実用になるべく依存しないほうがよい。それでも真実だという感が与えられたとしたら、そこから何も引くことができない。美しいのである。

打放しコンクリートの表面を何かのやりかけではなく、コンクリートの本性のように見せられたら、素材面からこれは達成できる。実際は裏に異素材である鉄筋が編まれているわけだが、表面の仕上がりを通じて、内部までコンクリートが詰まっていると感じさせることが大事なのだ。表面が粗ければ、つくりかけの工事現場が想起される。その逆であれば、奥まで一様であるかのような真実味が伝わる。こうした反応は、一般の依頼者や住民のほうが、専門家以上に素直に現れるのではないか。

あとは造形面である。粗いコンクリートが良くないのは、実用的に見えてしまうこともある。何かの役に立つために、ここにあると思えてしまう。足したり、引いたり、あるいは変更したりできる、仮設的な色彩を帯びるのである。

他方で頑丈そうでもあるから、そのせめぎ合いにコンクリート独特の魅力があって、先ほどの鈴木恂の師である吉阪隆正は、そんなある種の民家的な素材性をパリに留学して師事したル・コルビュジエの作品の中に見出し、展開して、弟子たちがそれをまた発展させたわけだが、安藤の言う「美しい」はそれとは違う。

彼が打ちっぱなしならぬ「立ちっぱなし」コンクリートの路線を歩むのも、このためである。立ち上がるのは箱ではなく、壁だ。コンクリートの壁がただそこにあるだけで真実味をまとう。そのための造形が工夫されていくのである。もし構造的に役立っているだけでもなく、内部空間を形成しているだけでもなく、実用的な環境性能を担保してもいないのに、そのコンクリートを欠いた状態が想像できないとしたら、それは一層、美しいだろう。加えて言えば、壁がデザインの手段にも見えないほうが良い。つまり、壁は、箱の構成要素でないほど強くなる。自律的で、造形意図を直接に感知させないほうが、理屈ではない説得力を携えて、美しくなる。

住吉の長屋の要点は、木造の三軒長屋の中央の一軒を建て替えたがゆえに、正面しか目にできない点である。壁はただ立っているかのように映るだろう。そのためには、ドアなどが付いていてはいけない。内部と外部との境は、切り取られた壁の左手に設けられた扉にある。その後、箱ではなく壁であることを印象づけるためにスリットを入れたり、左右対称形を通常とは逆に、造形意図を表出させない構成として用いたり、壁から分離して屋根を架けたりといった種々の手法が開発され、何かのためではなく完成している感を、さまざまなタイプの建築に与えられるようになっていった。

完成的であるという特質は、TIME'S のコンクリートブロックにも、つややかな打放しコンクリートにも共通している。先行者と似ているようで、別物だ。安藤の住宅は、鈴木とは異なり、生活ともつれ合うことがない。住宅でつちかった手法が、商業施設や美術館などにもそのまま応用できた鍵もそのことにある。もちろん、これは事後的な説明ではある。一回一回、個別の実践によって、展開を達成させたのだから。

持続する内発

安藤は二次的なものを信じない。「理論」や「伝統」がそれだ。向き合うのは現実である。そこは仕事と素材と場所だけがある世界である。

建築を生み出すという行為は、社会における仕事の枠組みの中にあるのであって、建築設計事務所として設計監理業務を依頼されないことには何も起こらない。依頼者の信頼を獲得し、満足を提供し、評判を広げること、仕事を共にできる適材適所のスタッフを育てながら維持することも肝要だ。

品の良い建築家のスケッチに現れない第二の要素は、素材である。素材とは表面上のものではなく、建築は現実に構築され、時間と風雨の中を維持されなければならない。強度や耐久性を持った何かで、実際につくられなくてはならない。どんな素材をどこに使い、いかに組み合わせるかは、計量可能な因子として実現される形の幅を左右し、計量不可能な因子として人々の印象を決定するので、決して後回しにして良い話ではない。

三つ目に、場所というものも、建築から除去できない。描いたスケッチは、具体的な地球上のどこかに建つものなのだ。現れる以前にそこにはなく、出現することで場の性格は更新される。建築とは、この三つの要素を駆使して、感動という一瞬の永遠をつくることであって、それ以外は、極論すればどうでも良いことだ。

安藤の建築はモダニズムなのだろうか？　モダニズム建築の価値の探求と啓蒙に努めている国際団体である DOCOMOMO Japan は、その背景にある潮流を「モダン・ムーブメント」と称して、「合理主義に立脚し、線や面、ヴォリュームという抽象的な要素の構成による美学をよしとする、社会改革志向に裏打ちされた建築運動」と定義している。ここに書かれている「合理主義」「抽象の美学」「社会改革志向」の三点は一見、安藤の建築に当てはまるように思える。意匠が構造や素材に対して率直で、幾何学的である。かつ植樹や寄付といったさまざまな社会活動を行い、必要であれば報酬を受けずに設計する準備もあるのだから。

しかし、安藤の建築はこれら三点の手段ではない。逆にこれら三点が完成的な建築を完成させるための手段である。

では、ポストモダニズムなのか？　言い換えれば、モダニズムに対抗するグループの一員なのだろうか。安藤は持続する内発である。その建築はこれ以上還元できない人間、物質、場所、体験、幾何学といった内側からでき上がっている。正確に言えば、そんな原初があるように設計し、施工する。それによって一瞬であり、永遠である感動の器であろうとする。

持続が、繰り返しではないことに注意すべきだろう。彼は建築が何かの手段となり、外発的な繰り返しになることを嫌った。その点では形骸化したモダニズムへの反抗者の一人と言える。ただし、多くの反抗者とは異なり、差別化へと向かわなかった。過去の建築界の営みを理屈付け、それまで行われていないことを考え、それを試すといった「理論」に彼は基づかなかった。多くのポストモダニズムとの違いは、そこにある。

古典主義建築に安藤が親近感を抱き、また類似した感触が作品にあるのも、そんな持続する内発に由来する。ここで古典主義建築と書いたのは、古代ギリシアやローマの建築ないしは盛期ルネサンスまでの実践であり、新古典主義の理論ではない。目の前の条件を持った仕事と向き合い、素材を手なずけ、建てられたものによって場所に内在していた性格が露わになったように感じられる。一回一回に向き合う健康さが作り上げたそんな実践を、事後的に整理した屍《しかばね》が理論だとしたら、それに従うことも反抗することも彼はしないだろう。

「伝統」に対する思考も同様だ。安藤は「京都らしさ」に向き合わない。屋根だったり、格子だったりといった。もちろん、それに反抗したり、ずらしたりする差別化とも無縁である。TIME'S は自分だけが原初のエナジーを蘇らせることができるといった、建築家らしい姿勢の象徴だ。

他の多くの建築家と比べても、安藤の一貫性は驚嘆に値する。「住吉の長屋」の前後の一九七〇年代の作品を除くと、これまでに完成した三〇〇近くの作品はすべて異なっており、同じである。このこと自体が彼の建築への姿勢の表れだが、中でも、コンパクトに作風が詰まった TIME'S はやはり代表作の一つである。

場所が強くする建築

ぜひ、場所的であることを、いくつもの壁の間に設けられた自然との接点から体験したい。一九八四年に完成した TIME'S 1 は三階建てで、前面を走る三条通から建物内に人を入れるのではなく、高瀬川沿いにアプローチを設けたのが特徴だ。

通りから階段を少し上がると二階の店舗につながり、壁の左手の階段を下ると一階の小さな外部広場に続く。広場は水面から約四五センチ上がっているだけで、間には手すりもない。鴨川から分岐する高瀬川の水量が一定に保たれていることから、自治体と粘り強く交渉を重ねて護岸を切る工事を通し、水面近くまで人が迫れる、従来の京都になかった空間を実現させた。

六分の一円を使って川と接しているために、地上と水上は一層、混じり合う感がある。頭上に二階のテラスがせり出していることも、隣り合う両者の親密感に寄与している。テラスは店舗へのアプローチでもあって、どの階も川の流れと並行して、外部に人の動線が設けられている。

高瀬川を見下ろしたり、時に佇んだりして、変容を観察することができる。これはTIME'Sが現れる前には存在しなかった、この場所ならではの経験だ。どこにでもある施設ではなく、京都らしい商業空間である。伝統の意匠や木のつくり、川床などといった「京都らしさ」は、かえって他所でも複製可能だが、こちらは真似できない。

建築は高瀬川だけに正面を向けているわけではない。川の経験はふとした時に現れて、自分だけのものに感じられる。人の動線は川の反対側にも通っていて、隣地との境界に巡らせた壁と建物本体との間には、一～三階の階段が設けられている。細長い空間によって、空が切り取られる。川沿いへと抜ける途中の吹き抜けでも、上方からの光が注ぐ。小さいながらも、体験を更新する効果は絶大だ。狭さと広さの対比が用意され、出会う順番によって同じ川が異なるものになる。体験的であるという建築の本質を感じ取ることができる。

安藤は設計された建築体験を最終目的に据えるのではなく、光や風や温度といった自然の経験を増幅させ、人間を鋭敏にさせるものとしている。内部だけで完結せずに、場所と結びついた時、建築はいっそう動かしがたいものに感じられるのだから。

と言っても、特殊なことに向かうのではない。設計者が風土や自然という言葉を自作の解説で使っている際にも、形態は意外に、その場所の温湿度の環境や地場の素材と本質的な関係を持っていない。寒い地域であっても暑い地域でも、場所との結びつきを人の経験において発生させる手法は、基本的に同一だ。外部に対して開くことである。

もちろん、内側か外側か、どちら側にどの程度に開くのかについては、ケースバイケースで鋭敏であり、それが一見大胆な手法で実現されている。TIME'Sにおいても、壁の存在感は厳格にコントロールされた開口部によって一層引き立ち、外部とのつながりは陰影と緩急に満ちている。

TIME'Sに設けられた吹き抜け

人生は晴れた日ばかりではないけれど、最後に覚えているのは一瞬の良い思い出なのではないか。空調の効いた箱へと閉じない設計

さらに川面に近づいたTIME'S 2

には、そんな人間に対する信頼が感じられる。

自作との対話

　川沿いの広場をさらに約一五センチ水に近づけたのがTIME'S 2で、三条通から奥方向への増築として一九九一年に完成した。

　安藤の代表作の中には小《こ》篠《しの》邸（一九八一年・八四年・二〇〇六年）や傾斜地に建つ六甲の集合住宅（一九八三年・九三年・九九年・二〇〇九年）などの連作が含まれている。歴史的建造物の改修を引き受けた作品も有名で、ヴェネツィアのプンタ・デラ・ドガーナ（二〇〇九年）においては、一七世紀に建設された税関関連施設をラクジュアリーブランドの経営者でアートコレクターのフランソワ・ピノーの依頼で美術館に改修し、同じ組み合わせによって近年、パリの一八世紀に建てられた穀物取引所が美術館ブルス・ド・コメルス（二〇二〇年）へと再生されて話題を呼んだ。

　このような連続した仕事は、依頼者との信頼関係を維持する設計者の能力を証明している。それにしても、すでに建っているものに何かを加えることと、一回一回完成的であるという安藤の特質には、どのような関係があるのだろうか。

　TIME'S 2は、コンクリートブロックの外観を引き継ぎながら、それ自体で完結した形態を目指している。中心となる平面は正方形である。川の流れに沿うような第一期の屋根に対し、ドーム状の屋根を架けている。階数は同じながら三階部分を高くして、頭一つ抜きん出る。一〜三階の中央部には窓が続いている。求心的で垂直的な形態だ。

　デザインされているのは、以前に獲得された水平方向の流れをせき止め、TIME'S 1をより完結したものに見せる建築だ。以前の延長上で数を増やしたのではないから、これを形容する上で「増築」という言葉はふさわしくないかもしれない。とはいえ、対比的な表現とも言えない。

　改修設計に関しても、安藤の手法はこれと同様である。本来「改修」という語が持つ意味のように、もとの状態らしくしながら便利さを増すといった域には留まっていない。かといって、過去からのものを厳密に温存し、それとは異なる材料や意匠を加えて互いに引き立て合う、そんな対比的な手法が主眼なわけでもない。

すでに建っているものに何かを加える時、安藤はそこに内在していた規律をより強化するのだと言えよう。規律の代表が幾何学であり、素材である。彼は歴史的建造物に直面しても、様式と呼ばれる「伝統」や「理論」のフィルターをかけて見てはいない。その代わりに、いつの時代も建築に存在する素材と、皆無であることはない幾何学を見出し、それに対して適切な素材や幾何学で応答する。適切さは、必ず同一でなくてはいけない、あるいは差別化しなくてはならないという思い込みを脱したところから生まれる。そして、新築と同様に場所を更新する、新たな建設であろうとするのである。

その場に内在していた可能性を実現させる点では、TIME'S と京都のように、新築する際の建築と場所との関係と同様だが、すでにあるものとの格闘あるいは対話の厳しさは、相手が自然である時よりも、建造物のほうが明瞭だ。二期に分けて観察することで、設計者の格闘の性格をより知ることができるのも TIME'S の長所である。安藤の作品が完成的であることと、増築を好むのは矛盾することではない。完成された過去の自作は、それを前進して抜け出られるかどうか、挑戦しがいのある所与の事物となっているのである。

散歩体験の京都

第一期と第二期は人の動きによってつながっている。一九八四年の第一期における川沿いの歩みと隣地沿いの歩行は、一九九一年の第二期において絡み合い、立体的な回遊性を増している。

都市としての総体を整える「面」としての京都、文化財で知られる「点」としての京都に加え、雰囲気をそぞろ歩く「線」としての京都というものが、一九七〇年代に「アンノン族」と呼ばれた若い女性旅行者の急増以来、一般化していった。実際には折れ曲がる線なので「散歩」としての京都と言うほうがいいかもしれない。すると、今の私たちの京都イメージの基盤であることにも気づく。

TIME'Sは、一九七〇〜八〇年代の京都イメージの変遷とも同期している。歩いて楽しく、ファッショナブルで、ここにしかない小路や水路にハッとさせられる。そうした時間を単なる大衆の消費と一括し、「理論」や「伝統」の高みから取るに足らないものとみなすだけでもなかった時代の勢いが確かに存在して、そんな先端性がTIME'Sを成立させている。その意味を考えることは、ともすれば消費と「伝統」が短絡し、あまつさえ「理論」までもそれに味方する現代において、いっそう大事ではないだろうか。

第一一章　京都駅ビル

風景をつくる建築家

現実が夢のようになり、夢が現実になる。建築は一度つくったら動かず、社会の仕組みにがんじがらめにされている。多くの人の協力があってはじめて成り立ち、法規に制約され、依頼者の意向に振り回され、資金の総量は絶対だ。大きな建築であるほど、個人の想像力が及ぼせる範囲など無に等しく、そもそも連鎖し、拡散する想像力は一瞬たりとも同じものでないのだから、夢はいったん完成したら動かず、しかもそれすら一瞬で終えることのできない愚鈍《ぐどん》な建築に託すものではないだろう。

諦めかけていた人々の前に、一九七〇年代の原広司は現れた。すでに一九六〇年代から「有孔体《ゆうこうたい》」理論を唱えるなど旺盛《おうせい》な執筆活動で知られていたが、個人名によって設計した住宅作品、世界の集落調査の成果が加わり、学生運動が収束し、経済も安定成長に入り、ますます定型化していく世の中にあっても、現実と夢とが互換する可能性を感じさせた。

左手の京都駅烏丸口の前に、谷のように大きく長い半外部空間が出現した

社会の定型に不定形な情念で打ち勝てると思わず、新たな「形式」を通じて自由を拡げる姿勢によって。

劇的なのは一九九〇年代を中心に、立て続けにビッグプロジェクトを完成させ、実際に現実を変えたことだ。一九八八〜九〇年に設計され、一九九三年に姿を見せた梅田スカイビルは、四〇階建ての二棟が「空中庭園」で接続された世界初の連結超高層ビルとして、大阪のスカイラインを描き換えた。

ここで扱う京都駅ビルは、その設計が終了して五か月後から行われた国際的な指名設計競技(コンペ)で実施案に選出され、延床面積二三万七六八九平方メートルに及ぶ複合施設として一九九七年に完成した。

最新の建設技術を従えて風景を変えたのは、

40階建ての２棟を「空中庭園」で連結した梅田スカイビル

一九九七年のコンペで選ばれた札幌ドームも同様で、現在の常識とは違う合理性に支えられているかのような巨大な構築物が二〇〇一年から札幌に降り立っている。

今、京都駅ビルの設計者が「原広司＋アトリエ・ファイ建築研究所」とだけ公式表記されていることに驚いてしまう。二〇年あまり前には、大手組織設計事務所などとの連名でなく、一人の建築家の想像力が都市の風景をつくり、歴史に刻まれたのだ。

こんな事態を、原が住宅を設計していた頃に誰が予想し得ただろう。一連のプロジェクトは丹下健三や磯崎新や安藤忠雄でさえ国内では成し得なかった規模だが、特に京都駅ビルは、いわば社会が溶けた裂け目に実現したと言える。

なぜ国際的に案を競ったのか

京都駅の建て替えは当時、高さ六〇メートルで計画・建設された京都ホテルと並んで、京都の景観問題の焦点となった。反対理由の一つは、百貨店やホテルといった商業施設が駅に必要かという疑問で、むしろ駅によって分断された街の南北をつなぐ方向で検討すべきという意見が地元の建築家や文化人から提出された。

京都駅の所有者は一九八七年の国鉄（日本国有鉄道）の分割民営化によって、JR西日本となった。建て替えは、その後のJR各社の民間企業としての振る舞いの先駆けである。建築家は、明治にさかのぼる官営や国有の堅い地盤が崩れ、まだ定石が作られていない一瞬に滑り込んだ。

建築界では自明視されていた日本というボーダーも当時、外圧によって揺り動かされていた。日本の巨額の貿易黒字を背景に、非関税障壁を是正せよというアメリカの圧力が高まった。それは建設分野に及び、コンペの状況にも影響を与えた。

東京・初台に新国立劇場を建設する際には、日本初の国際公開コンペが実施され、一九八五年に集まった二二八点の応募作品のうちの六〇点、約四分の一を国外からの応募が占めた。関西国際空港旅客ターミナルビルの建設にあたっては、初めて審査員に外国人——アメリカの建築家のヘルムート・ヤーンとイギリスの建築家のリチャード・ロジャース——が加わって、一九八八年に二段階のコンペが行われた。外国勢二六件を含む四八件が最初の公募に応え、その中から一五社が指名されて、イタリアの建築家であるレンゾ・ピアノが設計者に選定された。一九九四年に開港した空港は、国外では珍しくない建築家の作品である空港の日本唯一の例となった。

このように新たに始まった流れの中で、京都駅ビルの設計者の選定も国際化されたのである。駅ビルの開業時期として当初は平安建都一二〇〇年の一九九四年を予定していた関係で、時間を要する公開二段階コンペの実施は見送られ、指名コンペが選択された。

指名コンペとは、実績のある業者を何社か指名して提案を競わせ、最も適切と判断された者に業務を発注する形式だ。ここでも大枠はその通りなのだが、実績を判断する基準が通常重視される国内の同種業務ではなく、幅広い活躍に置かれたこと、それに業者ではなく「建築家」と明記されたことが、それまでとは大きく異なっていた。

「国際化」×「指名」というコンペの枠組みは、計画的・合理的である以上に、多分に成り行きや忖度を含んだものだろうが、こうして一九九〇年一一月、日本人四名、国外から三名の「指名建築家」が選ばれた。「建築家」という言葉が公式に使われ、まるで一九六〇年代半ば以降、日本では組織設計事務所やゼネコン（総合建設業者）設計部がすべてにおいて台頭してきた歴史などなかったかのような、あるいはそうした歴史は逸脱であり、「国際化」時代には正当なルートに復帰して「建築家」に再び社会的な役割が与えられるかのような束の間だった。実際になかったことにされたのは、「バブル」というレッテルを貼られた当時のほうだったのだが。

夢宿る幾何学

夢の権利者は原広司だけではない。その後に主流となるプロポーザルコンペは設計案ではなくて適任の設計者を選ぶことがうたわれるために提案以上の詳細を求めないことになっているが、これはそうではないから、一九九一年三月末までに提出されたいずれの資料も、もしこれが建っていたらという別の現実を想像させ、七人の建築家の個性が十分に読み取れる思考と描写の密度を持つ。日本を代表する古都の顔をつくる。そんな絶好の課題への応答なのだから、意気込みの大きさも当然かもしれない。

コンペの審査委員長を川崎清《きよし》（建築家、京都大学教授）が務め、他の一〇名の審査員のうち、建築家は磯崎新、内井昭蔵《うちいしょうぞう》、ハンス・ホライン（オーストリア）、レンゾ・ピアノ

（イタリア）、ユージン・ベンダ（アメリカ）の五名。国際日本文化研究センター初代所長を務めていた哲学者の梅原猛《うめはらたけし》、大阪大学教授、京都商工会議所会頭、JR西日本社長、京都駅ビル開発社長も加わって、審査は五月七日・八日の二日間で行われた。

安藤忠雄の提案は、一二六メートルのスパンで飛ばしたツインゲートが目を引く。スパンの間には前面広場から線路上まで水平面が人工地盤として広がり、その中心が円形に深く彫り込まれ、ゲートの間に正三角錐《すい》や卵型が浮遊する。もちろんそれらは機能を有しているが、それ以上に多義的に受け止められることを待つ対象物である。

安藤は機能や意味に縛られた街を、幾何学によって解放しようとした。数年単位の「現実」よりも、個々人の夢を宿らせることのできる幾何学のほうが、長い時間で見たときの現実であるとでも言うかのような、千年の都にふさわしい雄大な構想だ。

新古今和歌集と羅城門

池原義郎《いけはらよしろう》は「門」「谷」「丘」からなる全体形を形作った。コンペでは駅の改札外コンコースの他、コンベンションセンター、ホテル、複合商業施設、文化施設、駐車場、市民広場などを設計することが求められた。この案では、複合した機能はそれぞれが自己を主張するのではなく、全体形の中に抑圧されるのでもなく、切れ目なく連続する三つのパートに収まっている。

デザインは分節化され、全体と細部の対立もなければ、全体を強く統合する論理もない。外観はガラスによって構成され、そこに金属のバーが変化を付けながら格子状に走る。繊細でありながら清涼感を与える造形は、高さ六〇メートルに達する建物を工芸的に感じさせるに違いない。

駅コンコースは「光の谷」と名づけられて、樹木を思わせる細身の構造体によって支えられ、そこから登る「段丘の丘」は百貨店の屋上階につながっている。優しい全体に包まれる情感は、梅原猛がこれを「新古今（和歌集）」と形容して強く推したように、現代的な素材を用いながら、確かに日本的である。

黒川紀章は、ここでも割り切っている。京都への最新の出入口だからというわけで「平成の羅城門《らじょうもん》」を築いた。その高さは一二〇メートルと、実際にできた京都駅ビルの二倍であり、提案の中で最も高い。

最高高さで言えば、後述するジェームズ・スターリングの案も同じだが、左右対称の門型は、そびえている感において群を抜いている。全体の色彩はチャコールグレーを基調として、町家の屋根や寺院の屋根との調和を図ったという。門の両側に続く建物部分には、京都らしく傾斜屋根が架かる。

分かりやすく象徴的である形態と、現実的な機能が合わさった案である。百貨店などを使いやすい横長のビルに収めて、そこにホテルを積み上げ、さらに頂部をつないでスカイラウンジにあてることで、眺望の良い宿泊施設という売りを増やしている。

門らしさを生み出しているのが、瓦屋根のようなものではなく巨大なトラスであるのは、設計者が唱える「共生の思想」の視覚化だ。すなわち、従来は二項対立的に捉えられていたものを共に存在させることによって、その競い合いの中から現代的な活力が生まれるという自身の主張を、誰の目にも伝統と現代だと分かる形で表現しているのである。

黒川は一九六〇年代にデビューし、一九七〇年の大阪万国博覧会では複数の企業パヴィリオンを設計するなど活躍し、中銀カプセルタワービル（一九七二年）なども記憶に新しい。作風は変化しているようでありながら、ひと目見て捉えやすく、それが機能を満たして、現代的な意味といかに結びついているのか説明しやすい形を生み出す才能は一貫している。そんな比類ない平易さがよく現れた提案で、この審査員には通用しなかったが、大阪府庁舎（一九八九年に超高層案が採用されたが後に建設見送り）、沖縄県庁舎（一九九〇年）といった大規模な公共建築の獲得に、この頃から成功していったことを納得させる仕上がりだ。

姉妹都市からの贈り物

ドイツからは、ケルンに建築設計事務所を構えるペーター・ブスマンが参加した。ケルン大聖堂に隣接して、美術館とコンサートホールの複合施設を設計した手腕は、指名を受ける上で一役買っただろう。複合施設はコンサートホールを地下に配して、上を広場と歩路とし、ライン川から大聖堂に向かう動線を新設したものだった。敷地のそれ以外の部分には、弧と直線で造形した美術館のトップライトが繰り返されている。

トップライト群のチタン亜鉛を張り巡らせた見た目はケルン大聖堂と対照的だが、鈍く輝いて隆起する地盤面のようでもあって、石でできた塔を引き立てている。全体の高さを低く抑えているが、それだけに頼るのではなく、造形を工夫することによって、一つの建物が建ったという以上の風景を積極的につくりだそうとしているのだ。

同じような金属に対する愛着が、応募案の第一印象を、京都らしからぬ異様なものにしたのかもしれない。模型が鉄でできているために彫刻を連想させ、実際よりも提案の造形面が強調されている。最上部のカーブは、京都から見える山並みとの対応を意識したという。これが特に目立つ。

南北の側に対しては、大屋根がいくつかに分かれて降りている。京町家のようにむくった形態だが、それ以上に意味深いのが、都市と接する高さを低減したことである。軒先は周辺の既存ビルと同じ三一メートルの高さに揃えられている。圧迫感を和らげ、前面広場の人々に対して、空間としての統一性を与えようという配慮だ。

彼が設計で重視したのは、実は内部空間だった。既存の南北の道路を建物内に引き込み、東西方向には新たに何本もの小路が設けられている。ヨーロッパの広場に対して、日本では道の空間が大事であると捉え、まず訪問者を活気ある京都の空間が出迎えるように計画したのだ。

大きな建築というものは、遠くからはシルエットとして目に入り、近づくとさらに小さな部分が印象を決め、実際には広場や道といった体感的な要素が訪問の楽しさを左右する。ある街の印象というものは、風景から小空間での活動までさまざまなスケールから成り立っている。古都ケルンの建築家が姉妹都市である京都に贈ったのは、都市の印象の総体を新築の建物によって彷彿とさせるという野心的な試みだった。

脱構築の建築

アメリカからは、ニューヨークに事務所を構えるバーナード・チュミが招聘《しょうへい》された。一九四四年にスイスのローザンヌに生まれ、パリとチューリッヒで建築を学んだ後、先鋭的なロンドンの建築学校であるAAスクールで教鞭を執りながら理論家として知られるようになっていったチュミは、一九八三年に結果発表されたパリのラ・ヴィレット公園のコンペで並み居る強豪を抑えて実施担当者に選ばれ、初めての実作を手にする。

こうして世界的な注目を集めたタイミングで発表されたのが、一九八〇年代後半に実施された日本の二つのコンペに対する応募案だった。どちらも、さまざまな人が行き交う場所に対して新しい設計のアプローチを提出し、新国立劇場コンペでは次席、関西国際空港コンペでは指名一五社に選ばれた。

そうなると、このコンペこそ彼に最も向いているではないか。求められているのは駅ではない。互いに無関係と言えるほどの機能を収める駅ビルである。しかも、敷地は一二〇〇年前からの計画と意味に溢《あふ》れた場所なのだから。

設計は一見、与えられた条件に忠実であるかのようだ。まず、長方形の敷地を既存の街路に合致した七つのブロックに分割する。次に、コンベンションセンターおよびホテルに二ブロック、複合商業施設に二ブロック、文化施設に一ブロック、駐車場に二ブロックと、ほぼ同一型の各ブロックにコンペ要項に記述されていた必要機能を割り当てる。さらに敷地の短手《みじかて》方向を三分割し、北側部分の高さを駅前広場のビルの三一メートルに揃え、南側部分の高さを駅南側開発地域の基準に合わせた四五メートルとした。縦と横それぞれの分割の間には隙間がとられ、通路や採光の役目を果たす。

こうして箱が並んだようなあっさりとした全体型が成立した後、与件の中から特別な空間が必要だったり、機能が結合可能だったりする要素を検討したという。その結果、映像シアター、婚礼用チャペル、フィットネス、グルメタウンといった活動が抽出され、これらはスカイフレームに収められた。スカイフレームとは駅前広場に面して設置された構造体で、水平方向に二五〇メートル連続する空間と七本の塔が交差している。

与えられた敷地の北側の突出部に、通常の機能からはみ出す要素を収容したということになる。六二メートルから八三メートルの高さの塔は「やぐら」とも呼ばれ、スカイフレーム内のイベントに応じて茶室や天文台として使われたり、のぼりが立てられたりする。

このようにして京都駅ビルは、移り変わるイベントを顕在化し、イベントの間の偶発的な出会いを増幅する。予見不可能であるという都市性を反映しながら、現実の都市に働きかける装置となるのだ。

提案の説明文では七本のやぐらの存在を、京の七口と呼ばれる京都につながる街道の出入口に結びつけていて、審査の過程で解釈の強引さが指摘されたが、そういう読みもできるよというくらいの意味だろう。なぜなら、この提案は文学における「脱構築」（デコンストラクション）の批評を建築に応用したものだからである。

「批評」とは、何かの対象、文学であれば文章を読み、そこからまた何か意味あるものをつくる行為と言える。通常、良い批評とは、対象の中から、表現された出来事であったり、作者の思想であったりと、何か統一されたものを見出して、それに一貫性のある説得力を持った表現を与えたものだろう。

だが「脱構築」は、それを疑う。文章の中には、著者が予期しないものや相矛盾するものも含まれているのではないか。なのに通常、一貫したものと捉えてしまう。それは実際には文章に示されていない、現実の出来事や作者の人生などを解釈に紛れ込ませているからではないか。そう考えるのである。

よって、文章を「テクスト」というクールな言葉で呼んで、それを一元的だと思い込まず、他の要素を考慮せずに読むべきと主張する。その結果、現れた多義的な読みを提示するのが真の批評だというのが、脱構築批評の立場である。

こうしたことを建築に当てはめると、設計は「批評」となる。設計は対象となる敷地や求められている機能を解釈し、意味ある設計内容にまとめる行為であるからだ。

したがって、設計の「脱構築」とは、敷地や要求条件を愚直に読み込み、その矛盾を表明したり、可能な読みを示したりしながら、統合的ではない設計内容を提示するということになる。敷地や要求条件が文学批評における「テクスト」であるから、クールさを見ならって、それは「プログラム」と呼ばれる。

チュミが言いたいのは、既存の都市構成を読んで分割したらブロック数が七になり、それが京都への伝統的な出入口の数とたまたま一致したということだ。そして、官僚的に整えられた設計要項の中の逸脱をありのままに整序したら、寺社仏閣にもつながるやぐらができてしまったという驚きを表現したいのである。

ただし、文学と違うのは批評の内部に入れる点で、設計されたものが人間の行動に働きかけ、それがまた設計の意義を変化させるといった往還運動が発生する。

この提案の中でも、特にスカイフレームでは予期せぬ活動――特にこうした文脈では「アクティビティ」と呼ばれることが多い――の出会いが期待されている。これこそ建築が起こせる現象であり、現実の都市で発生していることであるはずだ。

このようにして、建築は文学に接近し、再び空間の問題に回帰する。それは単にもとに戻ったということではなく、二つの一瞬が重なり合った夢だから、説得力があるのだ。チュミの案は、現代思想によって世界が変貌して見える一瞬と、人生の意味を変えるハプニングのような出来事の一瞬を内包している。

デコンストラクションとは、決してバラバラ、ガタガタの見た目をした建築を指しているわけではないのだ。そして、このように重層的、思想的な言葉が流通していた時代が、夢のようだ。

世界的大家の幻の遺作

イギリスから招かれたジェームズ・スターリングの案が、原広司の案と最後まで競り合った。現在の設計者選定では公平性を期すためとして、設定された基準に基づいて審査員それぞれが独立して採点した点数の総計で設計者を決めることが多いが、この時は議論による決定が重視された。

さまざまな合意を通じて、原かスターリングのどちらかというところまで絞り込まれたが、ここで議論は平行線を迎えた。そして、実施された投票は、原が七票、スターリングが四票という結果に。外国人建築家による京都駅ビルが建つことはなかった。

スターリングの提案内容は、ややとりとめがなく映るかもしれない。まず、京都を南北に走る烏丸通の軸線上に市民広場を設け、その東側に文化施設、西側に百貨店を配置する。もう一つの建物が敷地の西端に置かれたホテルで一二〇メートルの高さを持つが、中心を外していることや分棟であることによって、高さの懸念は審査の過程でも比較的少なかったという。

高さも形も異なる三棟の外観上の共通点としては、斜めに切り込んだガラス面が挙げられる。これこそスターリングの出世作であるレスター大学工学部棟（一九六三年）やケンブリッジ大学歴史学部ビル（一九六七年）で用いられ、モダニズムの末期に世界中で流行したデザインだ。

他方で、歴史的な軸線を導入したり、幾何学を遊戯的に用いたりもしている。この点は、シュトゥットガルト州立美術館旧館に接続する形で設計したシュターツギャラリー（一九八四年）など、ポストモダニズムに分類される彼の作品を彷彿とさせる。

一九二六年生まれのスターリングは、指名建築家の中で最高齢だ。とはいえ六七歳なので、今の感覚からすると十分に若いのだが。当時すでに、第二次世界大戦後のイギリスを代表する建築家という歴史的位置づけを与えられるだけのキャリアを備えていて、一九六〇年代らしさも一九八〇年代の署名も、提案の中に見受けられる。

ただし、提案の分かりづらさは、モダニズムとポストモダニズムの性格が並列されていることが主因ではないだろう。逆に、それらを横断するスターリングの個性を明らかにしている。

この案が他の六案と違うのは、駅前にある京都タワーを気にかけている点だ。象徴的に幾何学形を重ねたホテル、市民広場、そして京都タワーを正三角形をなすように配置している。それは「モニュメンタルなトライアングル」と呼ばれている。京都タワーを、平安京の通りと同じ重みで扱っているのである。

提案に設計者のポップアート的な気質がよく現れている。スターリングは、印刷技術や通信技術や輸送技術、そんなテクノロジーが可能にした大衆的な近代性を、知的に扱って作品にする建築家だ。

この京都駅は新しい動線の創造を重視しているので、実際にできたとしたら、行動して面白いものになるだろう。形態は明瞭で、刺激的である。しかしどこかに疑問が残るに違いない。解決されていない要素があるということは、それがやがて接続される未来は、いっそう楽しくなるということだ。スターリングは建築や都市がつくる、そんな文化的な意味の連続性を信じている。だからこそ、明快なようでいて諧謔《かいぎゃく》的にも映る。

その根底には、都市は建築によって発展するという楽天性がある。こうした性格が京都の深淵さと通じているとしても、一般受けする「京都らしさ」は見られない。それでも最終選考まで争う時代があったのだ。スターリングは二年後にこの世を去った。彼の日本唯一にして、人生を締めくくる大作が実現されることはなかったにしても。

永続する夢

原の案は、実現した京都駅ビルの姿と大差ない。だから、並行する六つの夢と現実が入れ替わる妄想も現実味を帯びる。原が応募時に綴った設計主旨文は、今ある京都駅ビルの説明でもある。

京都は、歴史への門である。京都駅の建築全体は、この短文の形象化でありたい。〈中略〉多くの人々が、この幅員27m、高さ60mのしかし、長さにして470mのコンコースを通過して行くだろう。このコンコースは、日本の伝統的美学である『境界があると同時にない』ことを表すガラスのシェルターで覆われるはずである。

理念的で、空間的で、アンビギュアス（曖昧、多義的）という特徴が凝縮されている。具体的には「マトリックス」と称した高さ一〇・七〜一五・五メートルの間に広がる人工地盤によって上下の構造を分離し、これを設備配管などにも用いるとして、現実的な建設技術から設計の自由度を導き出した。その上で「地理学的コンコース」と呼ぶ階段をはじめとした段丘上の構成とし、上部にガラスの大架構を架けて、要求面積としては全体の数十分の一でしかないコンコースを空間の中心に据えた。

形式の勝利なのだが、大事なのは、京都駅に「形」の戯れが含まれていることだ。思いつきのように貼り分けられた石材や唐突なフォルムが、空間に浮遊する。それらは人の動

さまざまなフォルムが空間に浮遊し、行き交う人々を彩る

きや天候と触れ合って、確かに効果をもたらしているのだが、個人の一瞬の想像力が凝固した瑞々しさも保っていて、こうした形が悪い意味での「デザイン」として嫌われる時代からすれば、「京都らしさ」の言い訳なしに創造できた時代は遠い歴史のようだ。
だから、JR京都駅ビルは永続する夢である。その後の日本史では実現できない種類の夢であることによって、京都の伝統建築と比肩している。

第一二章　ロームシアター京都(京都会館)

伽藍のような統合

京都をどのようなものとして捉え、何を変革しようとするか。その手つきを通して、それぞれの設計者の個性を浮き彫りにする深みが、この古都にはある。

ロームシアター京都(正式名称・京都会館)は、一九三四年の室戸《むろと》台風で崩壊した京都市公会堂(通称・岡崎公会堂)本館の跡地に計画された。二五〇〇人収容のコンサートホール、一三〇〇人収容の劇場、三〇〇～四〇〇人規模の国際会議場が求められた。多くの人々が集う複合建築物である。

計画段階で名称は「京都国際文化観光会館」となっていた。一九五七年に前川國男、村野藤吾、尾崎久助《おざききゅうすけ》(日建設計工務)の三者を指名してコンペを行い、前川國男の案が選ばれた。前川國男建築設計事務所に設計監理が託され、鉄筋コンクリート造(一部鉄骨造)、地下一階、地上三階の施設が一九六〇年三月三一日に竣工、四月二九日に開館する。名称

改修前の京都会館

は一般公募によって「京都会館」と名付けられた。余計な飾りは省かれたのだ。

　コンペ案から実施案への変化も同様だった。見ていこう。まずは周囲をめぐる打放しコンクリートの大庇《おおひさし》である。命名権によって「ロームシアター京都」と呼ばれるようになった現在も、この建物の象徴となっている。実はコンペ当選時にはなかったものだ。

　打放しコンクリートで作ることは、募集規定で原則不可とされていた。前川の応募案も、露出した柱や梁を着色したプレキャストコンクリートによって仕上げるものだった。それが実施設計の過程で、費用の関係として打放しコンクリートに改められた。京都市当局の一部からは反対意見も出たという。前川自身が市長と掛け合い、「東本願寺も、いわば木の打ち放しではないか」と説得したという逸話が残る。

大庇の形もコンペの時点では違っていた。応募案では、水平の軒を柱列から外に持ち出していた。フライタワーなどを目立たなくし、求められたさまざまな機能を一つに覆っている。これが実施案でめくれ上がったような形に変わることで、視覚的な最頂部として全体を統合する効果は高められた。

「京都市民のための今日の伽藍《がらん》」という表題を、建築評論家の浜口隆一《はまぐちりゅういち》は竣工時の評論に冠した。「伽藍」という言葉がふさわしい理由は、文中に複数示されている。中でも大庇が果たした効果は大きい。庇は、いわば「軒」から「屋根」に転じた。体験者にとって、付属物から必須の要素へと進化したのだ。全体をおおらかに、力強くまとめている。

その他の変化も、これと同様に見て取れる。大ホールの屋根は、応募案では鉄骨シェルの外側にフライングバットレスを用いていた。実施案ではシンプルな構造に変わり、力学的な仕組みが表現された形は影を潜める。応募案における外壁のプレキャストコンクリートが変更されたのは先に記した通りである。その代わりに、大型の特注煉瓦ブロックで仕上げられた壁が現れた。

プレキャストコンクリートは大庇に使用された。その表面の平滑さは、柱梁の杉板型枠による打放しコンクリートが持つざらざらとした感覚とは、同じ材料であっても異なっている。完成した京都会館は柱梁と壁、大庇がいずれも強健な、違った素材で区別されている。部分が各々の役割を果たし、全体が構築されている存在感が、人をして「伽藍」と言わしめるのだろう。

「国際」や「文化」や「観光」の並列ではない、直截《ちよくせつ》簡明な「京都会館」へ。コンペから竣工までには、そんな変化があった。求められる機能や構造の表出を超えた統合があって初めて、単に古都の名を冠して「会館」と呼ばれるに違いない。

この「会館」という言葉は、古くさいと思われるのか、最近ではあまり使われない。原義は中国で民間人が親睦のために建てた組織とその建物のことだ。主体的で未来に開かれたコミュニティのソフトとハードを共に表現するのに、これほどふさわしい語はないかもしれない。

時間の中の本質を見据えたものとして、設計と言葉はコンペ以降、手を取り合うように変化していた。常に過去は理想とされる。ここに建築家と市民が幸せな関係にあった神話時代を夢見てしまう。

会館としての空間

このように統合された京都会館だが、最重要なのは見た目ではない。ここで解説するの

かつての大ホールのホワイエ。床仕上げなどは西洋の公共的な広場を彷彿とさせる

は、二〇一二年から四年間の改修改築工事を経て二〇一六年に再開館する以前の、かつての京都会館である。

よく配慮された素材・構法・構造が、頑強な空間を形成している。人間に奉仕するさまざまな機能は、空間によって関係付けられ、「会館」として一つにまとまっている。その中心に外部空間がある。

敷地は正方形をほぼ四等分し、北東の一ブロックを既存建築に提供したようなL字形だ。前川はその南西に小ホール、北西に大ホール、南東に会議場を配した。既存建築は、一九三〇年に完成した京都市公会堂東館（現・京都市美術館別館）である。鉄筋コンクリート造でありながら、唐破風の玄関、軒下の垂木といった和風意匠を備える。

今なら、京都会館の大庇は、隣り合うこの建物の軒反りとの調和から着想したと言いそうなものだが、一切触れないのがモダニズムの前川らしい。さらに言えば竣工時も現在も、そうした評が専門家からはまず出てこないことからも、前川の空間が形成してきた磁場の強さが分かる。

確かに中庭は強靭だ。新規の設計によって時間の移り変わりの中でも変わらないものを確保する、京都会館の設計姿勢の最たるものだ。事後的にできた外部空間では、明らかにない。前川は所与の建築と機能が生み出す壁面を使って、長方形の中庭を成形した。それはただ鑑賞したり、大勢の人々が一つの目的のために集まったりする空間ではない。一人一人の思い思いの移動を保証する空間である。

中庭は自律して存在する。同時に、他所に延長するようにできている。従来とは別の空間を都市に付与する構えは、メインアプローチの二条通との関係に明快だ。会議室のロビーを上階に配置し、機能的な必然であるかのように見せながら、空間の開き具合を調整している。

大ホールに面した外部階段は、中庭の立体的な展開と言える。単純な機能性からは説明できない幅広さも、巨大なプレキャストコンクリート製の手すりも、都市的スケールを強調している。外部の中庭は内部に入り込んで、大ホールのホワイエとなる。その証としてホワイエの床は大柄な御影石で、中庭と同様に仕上げられている。

以上のような内外部の空間構成を日本の伝統の関係で説明することは、無理に近い。前

以前の会議場の空間。改修により、カフェ＆レストランに変わった

川はそうした公共建築を京都に作った。表面的な和風意匠を嫌った。柱と梁の形を見せて水平に軒を出し、モダニズムと清らかな和風の構成とを重ねる、いわゆる逓信省スタイルからも離れていった。このスタイルを思わせなくもないコンペ案から実施案への変化は、審査員に受け入れやすい案から、京都と真に対峙した実作への展開とみなせよう。

さまざまな機能を「会館」として一つにまとめ上げ、新しいものを「京都」に加えること。古建築と同様に、時間の中でも揺れ動かない存在であることが、設計者が京都で課したハードルに違いない。伽藍のように統合された本作は前川の個性を色濃く示し、一九六〇年度の日本建築学会作品賞を受賞した。

洗練された姿

だが、それは偽りの統合なのだと、いわば現在の姿への基本設計と監修にあたった香山壽夫《こうやまひさお》は言う。香山の文章を読んでみよう。

香山は京都会館を「モダニズムの傑作」と認める。その上で「なぜ改修されなければならなかったか」を列挙していく。

曰く、大庇のプレキャストコンクリートは完成直後から強度不足で脱落しかかって応急措置がなされた。外周のテラスは水勾配が取られておらず、漏水する作りだ。テラスの手すりは排水対応の不全から腐食と汚染が激しく、外壁の煉瓦ブロックは付着が不安定で脱落しかかり、凹凸が激しい御影石の舗装は転倒事故が絶えなかった。

前川のせいでないと言うように、「当時の施工技術は、いまだに発展途上の中にあり、そのため、現代に至ってさまざまな技術的問題が発生する」と評する。

香山は、言ってみれば「伽藍」は見せかけだと説いている。京都会館は、素材・構法・構造の緊結が歴史的な試練を経て存在していた歴史的建築のようなものでは決してないとし、実験的なモダニズムの一種として定位しているのだ。

計画に関しても同様で、舞台は狭く、人の出入りも搬出入にも不便な上に危険な動線だと指摘している。「全体に関わる大きな問題は、ふたつのホールと会議室群等を繋ぐ共通ロビーが、初めの設計から存在していなかったこと」だとし、「全体をひとつに繋ぐ公共空間を新たに付け加えることは、この名建築を後世に生かすためには必要絶対条件」だと

「ローム・スクエア」と命名された中庭から眺める現在の姿

述べる。

昨今またもてはやされるようになってきたモダニズム一般に対する幻想を打ち砕かんとする表現が露わにするのは、一九〇五年生まれの前川より三二歳年下の建築家の個性だ。これも京都の効能かもしれない。

ロームシアター京都への改修改築工事に際しては、民間資金を導入する形で運営形態を変えることへの疑問や、前川建築に手を加えることへの反対の声が少なからずあった。

結果、二〇一六年に再開館した今の姿はどうだろうか。大ホールを改築することで高さが増したフライタワーは反対の一つの焦点だったが、私には威圧的には見えない。

命名権によって手にした五〇年間で総額五二億五〇〇〇万円という資金や蔦屋書店をはじめ

会議室のロビーだったピロティ上部は、本とコーヒーを楽しむスペースに整えられた

とする民間の活力によって、誰が見てもスマートで、人で賑わう場所となった。外部階段の部分を内部化したり、共通ロビーを設けたりしたことで、快適性も明らかに増している。

追加されたデザインは繊細で、いかにも京都らしい。それでいて、大庇や打放しコンクリート、煉瓦ブロックなどは一部をやりかえながら、形態としては残されているため、前川建築を保存したと一般には受け止められるだろう。

日本的で、洗練されたモダニズムとして最初からこうあったと、安寧なイメージを提供するのではないか。問題ないのかもしれない。ただし、これは前川國男の素材を使った、香山壽夫の作品である。

第一三章　京都市京セラ美術館（京都市美術館）

国内最古の美術館建築

京都・岡崎に建つ京都市京セラ美術館（正式名称・京都市美術館）は、一九二八年に京都御所で挙行された天皇即位の大礼（即位の礼と大嘗祭と一連の儀式）を慶祝記念し、一九三三年一一月一三日に「大礼記念京都美術館」の名称で開館した。一九二六年に開館した東京府美術館に次いで、全国で二番目に開設された大規模公立美術館である。

東京府美術館は一九七〇年代に取り壊されたため、現存する公立美術館の建物としては国内最古となる。三番目の公立美術館は一九三六年に開館した大阪市立美術館で、こちらは天王寺公園内で今も使われている。現在は市区町村立も含め、全国で約二〇〇館を数える公立美術館だが、およそ四分の三は一九八〇年代以降の開設であり、第二次世界大戦前にそれを有していたのは東京・京都・大阪の三都市だけだった。

戦前の公立美術館三館は、公園内に立地し、実業家や市民の寄付が建設費の中心となっ

改修前の京都市京セラ美術館（京都市美術館）

たという以外に、前田健二郎《けんじろう》という人物を通じてもつながっている。

　京都市美術館は、一九三〇年に実施されたコンペで一八八通の応募案の中から前田の案が一等に選ばれ、それをもとに京都市営繕課が設計を行ったものだ。一八九二年に生まれた前田は、東京藝術大学の前身である東京美術学校から出た建築家である。一九一二年に同校図案科に入学し、講師を務めていた建築家・岡田信一郎の教えを受けた。

　数々の名作を世に送り出した岡田信一郎も当時はまだ三〇歳前後で、ちょうど前田が入学した年に、大阪市中央公会堂の指名コンペで一等に当選した。二〇一八年に大阪・中之島《なかのしま》で開館一〇〇周年を迎えた公会堂は、その原案をもとに完成した国の重要文化財である。東京府美術館は上野の東京美術学校の近くにあった。こちらも岡田信一郎が設計した。二

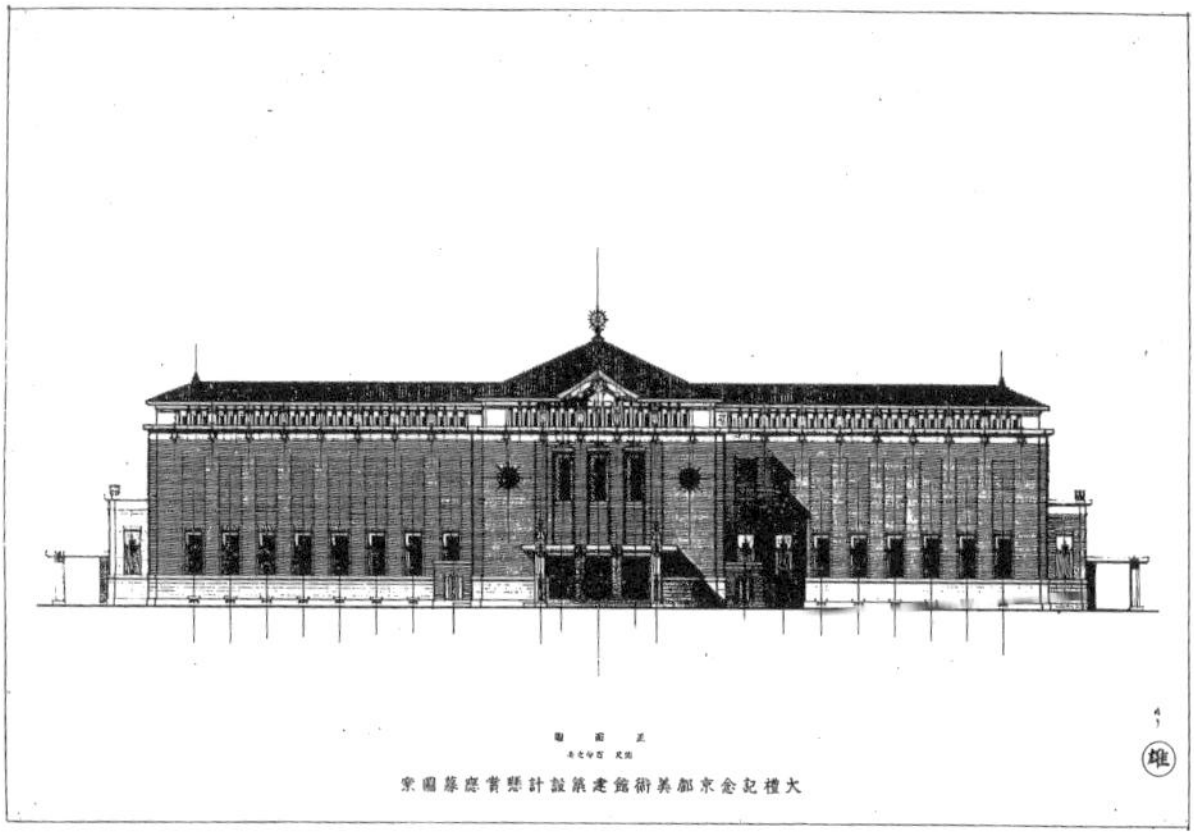

前田健二郎の京都美術館懸賞応募図案（『大礼記念京都美術館年報 昭和八年』より）

番目の公立美術館である京都市美術館は、最初の東京府美術館と師弟関係にある。

うまくいけば二番目の公立美術館の座は、大阪かもしれなかった。それも前田健二郎の案によって。大阪市会で美術館の設立が議決されたのは一九二〇年のこと。案はコンペとなり、前田が一等に当選した。だが、その後の財政難や敷地の変更でデザインは改変され、開館は一九三六年にずれ込んで京都に遅れをとった。

小さな意匠の優美な強さ

前田の京都市美術館のコンペ一等案を見ると、実施案に極めて近い。大阪市美術館のようにほぼ無効とされたり、師の大阪市中央公会堂のように改変されたりといったことはなかったのが分かる。

当時最先端の技術が駆使された鉄筋コンクリート

造の建物にもかかわらず、和の趣が特徴だ。美術館のコンペ要綱で「建築様式は四囲の環境に応じ日本趣味を基調とすること」と規定されていたためである。

ところで、木造の建物で培われた和風の意匠と、戦前の建築が拠り所にした石造を旨とする西洋の歴史的建築のデザインとは水と油の関係と言えるだろう。靴のまま出入りし、多くの人に開かれた公共美術館であれば、私的な建物にほぼ終始した日本建築との隔たりはなおさらだ。美術品の安定した収蔵のために厚い壁が必要であることも、開放的な日本建築の柱梁による空間とは相性が悪い。

京都市美術館には、その境界を軽々と超えてみせる前田健二郎のデザイン力が発揮されている。わが国の一種の公共建築だからと仏教の大伽藍を引っ張り出したり、古代に宝物を収めた校倉造を参照したりはしない。理屈ではなく、あくまで意匠が勝負所なのだ。

勝因は、正面の小さな千鳥破風に象徴されている。この部分しか、日本建築らしい屋根は目立って現れていない。反りを持ち、瓦が載り、懸魚《げぎょ》が下がって、伝統的な飾金具の意匠で飾られている。美術館の全体から比べれば小さく、小さいから繊細さが際立つ。目を引く中心にあることによって、威圧的でないシンボルの役割を果たしている。それは巨大さで圧倒する西洋あるいは中国に対する、日本美術の優美な強さの勝利を物語っているかもしれない。あるいは過去に抑圧されるのではなく、伝統を刺激にして、自由に展開せよというメッセージかもしれない。

伝統性と現代性の共存

昭和初期の時代性が背景にある。開館前後の動きをまとめた『大礼記念京都美術館年報昭和八年』（大礼記念京都美術館、一九三四年）を紐解くと、同館が過去の美術品の収蔵と展覧という以上に、現代の美術と工芸を後押しするために企画されたのが分かる。本文は以下のように始まる。

> 京都市は平安の旧都として絢爛たる我が文化の母胎であると共に、世界芸術史上に卓越せる地歩を占むる日本美術の源泉であることは汎く内外に了知せらるる所であり、現代に於ても亦美術工芸及美術の都として新日本文化の一面を代表して居るのであるが〈中略〉現代美術及美術工芸の真の殿堂たるべき美術館建設の儀が翕然《きゅうぜん》として起つたのである

京都市長の土岐嘉平《ときかへい》が流れを起こした。東京帝国大学卒業後、内務官僚となり、高知県知事、大阪府知事、北海道庁長官などを務め、一九二五年に退官。一九二七年から三一年

まで京都市長を務めた。

一一月の大礼に先立つ一九二八年三月二〇日、土岐市長は京都市会の全議員を歌舞練場に招待し、新美術館建設の賛同を得たという。歌舞練場は鉄筋コンクリート造で和風、東洋風に加えて、フランク・ロイド・ライトの帝国ホテルの影響で流行し始めた「ライト式」を組み合わせたデザインで、今も先斗町《ぽんとちょう》で異彩を放っている。当時は前年に完成したばかりの最新建築だった。先の引用文に書かれている「絢爛たる我が文化の母胎」と「新日本文化」を並列させようという意欲が、形になり始めた舞台としてふさわしいだろう。

同じ月の二七日に京都の有力事業者や美術家などを集め、大礼奉祝会が設立された。記念事業として資金一〇〇万円で美術館を建設すること、寄付を募集して資金に当てることなどを定め、翌月の京都市会で追加予算案を可決させた。「斯くして現代美術館建設は公に確定せらるるに至ったのである」と資料は言う。「伝統」をテコに一気呵成《かせい》に実現させた京都市美術館は、当時の「現代美術館」だった。

中央の千鳥破風は、寺院建築であればあるはずの妻飾りや組物を省略し、一対の木鼻で軽やかに持ち上げられている。ここに軒の出や瓦屋根といった要素を集約させ、シンボルとすることで、その他の部分は、安心して西洋建築ならびに美術館にふさわしい壁がちなスタイルでまとめあげることができるのだから、形による解答は巧みだ。

玄関の上に三つ並んだ縦長窓は、師の岡田信一郎も全体を引き締める要点として多く用いた中央部の三連アーチの翻案。鑑賞がしやすいように展示室を上部側面の窓からの採光とし、窓のない壁が続く左右の翼を壁面の素材感と最小限の意匠によって退屈に感じさせないスマートなやり方は、東京府美術館に学んだものだろう。現存する岡田の設計作では、一九二八年に完成した東京国立博物館黒田記念館も、同様の手法をとっている。縦長窓の上部には図案化された蟇股《かえるまた》。柱頭部などはライト式にも見える。軽やかなデザインの冴えが伝統性と現代性を取り結び、西洋と東洋を楽観的に共存させて建つ。

コンペの前健さん

前田健二郎は数々のコンペに入選したことから「コンペの前健さん」の異名をとったという。一等であっても、すべてが実現したわけではない。先に挙げたように、大阪市立美術館（一九二一年）の当選案は実施されなかった。続く三〇代前半、神戸市公会堂（一九二二年）、早稲田大学大隈記念講堂（一九二三年）、震災記念堂（一九二四年）とコンペに連勝するが、応募案はいずれもお蔵入りになった。後の二つは前田健二郎のデザインがモダンに過ぎるとして、関係者の反対に遭い、それぞれ佐藤功一《こういち》と佐藤武夫、伊東忠太の設計作品（現・東京都慰霊堂）として知られている。

コンペ以外の作品としては、現存していないが、資生堂化粧品部・アイスクリームパーラー（一九二八年）と資生堂本社（一九二九年）が、銀座の流行を反映した軽快な設計作だ。国の重要文化財に指定されている高島屋日本橋店（一九三三年）は、高橋貞太郎《ていたろう》の入選案を実施設計するにあたって協力したもの。呉服屋の近代化にあたって、こちらもコンペで日本趣味が条件とされ、蟇股などの日本建築の細部の軽やかなアレンジに前田らしさが発揮されている。

国粋主義に傾いていく世相を反映した「帝冠様式」の一つにも挙げられる京都市美術館だが、設計者の本質は、状況に合わせる性格にある。流行感の資生堂、モダンな復興の震災記念堂、伝統の京都市美術館や高島屋日本橋店といったように。

京都市美術館は、この時代の重厚な真面目さと、軽やかな楽しさを象徴している。文明開化以降の日本が蓄積した近代文明の成果を軽妙洒脱に操り、この延長上に建築的な進歩は何もないにしても楽しい昭和初期。そんな時代を代表する建築家・前田健二郎の代表作である。

リニューアル工事と再開館

そして、二〇一七年からのリニューアル工事を経て、二〇二〇年五月に再開館した京都市美術館は、いっそう工芸品のようだ。素材の細部まで心尽くしで、窓からの光も清々し

2020年に再開館した京都市京セラ美術館の姿

い。そんな風に「帝冠様式」という言葉を超えて、一九三三年に完成した物そのものを見つめ直させたのは、青木淳《じゅん》と西澤徹夫《にしざわてつお》による再設計である。

　正面からの姿は輝いている。左右対称に構成された外観は以前のままで、両翼はおおらかに拡がる。中央玄関の装飾は当初の形に復元され、金色に光っている。白く塗り直された千鳥破風に、飾金具の緑青色が鮮やかだ。壁の大部分を占めるスクラッチタイルは約二万五〇〇〇枚すべてに剥落防止の工事が施された。これほどまでに一枚一枚の色の違いが大きかったのか。建物の総体からすれば極小ともいえるディテールがそれぞれに輝き、全体の印象を決定づけるような作品だったことに改めて気付かされる。

　美しくされたことで、素材性を伴った意匠の小さくても強い主張が織りなす、ぴりっとした関係性がよみがえっている。この建築はおおまかな構成を残せば良いというものではない。空間が大事なのでもない。正統に細部の形を保存する行為は、特にこの建築において、細部が大事にされた時代に対する敬意の表明となっている。

正面の大きな変更点としては、正面広場を掘り下げ、以前の地下室を新たなエントランスにしたことが挙げられる。人を一階分くだらせるのは、なだらかなスロープで、掘り下げた部分はガラス張りになっている。正面左右から下りるにしたがって、左右のカフェとミュージアムショップを楽しむ人々も顔を覗かせる。建物と向き合う正面は段状になっていて、腰を下ろすことができる。平安神宮の参道、建物前面の外部空間、それに建物とが一体の場をつくるように意識されているのだ。

加えて、デザインも効いている。地下の新しい層は「ガラス・リボン」と命名された。中央の部分が手前に突き出し、平面的にも滑らかなカーブで、形が名前に合ったかわいらしさだ。公共美術館や「帝冠様式」の堅苦しさに対して、異なるイメージを与えている。ただし、塗り替えているのとは違う。払拭するのではなく、重ねている。

スロープのなだらかさと再構成された広場が、皆に両手を広げる公共美術館らしさの延長上にあることは、すでに触れた。再び前面から眺めよう。中央のスロープのカーブと千鳥破風の反りが、一番下と上とで呼びかけ合っている。実用的なものと装飾的なもの、市民の

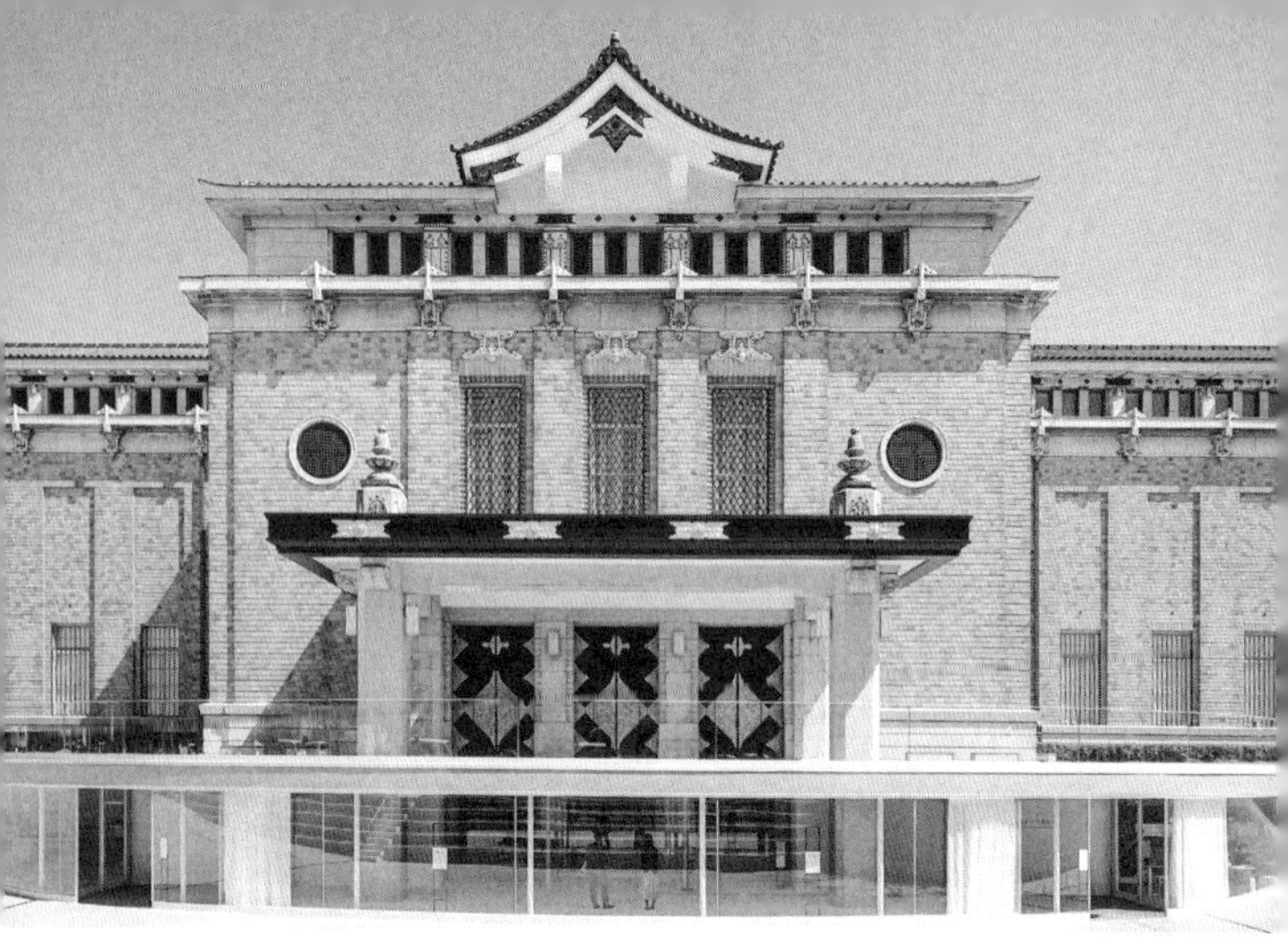

正面広場を掘り下げ、「ガラス・リボン」と名づけられた新しい空間を創出

広場と「帝冠様式」の象徴といった概念的な違いを超えて、形を共鳴させた設計である。スロープは中央部から拡がった両翼の形にも応答している。夕暮れ時になれば、ガラスの向こうの光を透過させて、様式的な細部と輝きを競い合うことだろう。

それにしても、地面を掘り下げ、地下から来場者を入れるというのは、けっこう大きな設計上の変更点である。しかし、斬新さは誇示されてはいない。あえて当初部分と対立的なデザインを施して引き立て合う。過去に対する尊重は、そのような手法でなされているのでもない。どうやら再設計の特徴は、もともと存在していた要素に別の意義を与えたことにあるようだ。機能だけではない。空間だけでもない。形においても、そうなのである。

現代的でアート的

地下の新たなエントランスから、正面の階段で中央ホールへと歩む

内部へと進もう。新しいエントランスは当初、下足室としてつくられ、改修前には倉庫だった場所だ。天井は高くないが、柱と梁の接合部には、伝統建築の斗栱に似た曲面が丁寧に施されている。オリジナルの床タイルの質感も味わいがある。ガラス・リボンの隣にあっても違和感がないのは、装飾性よりもつくりの実直さが勝っているためだ。華やかな表玄関だと、こうはいかない。形に気づかうことで、裏方だった空間は、それにふさわしい役立ち方をしている。

正面の階段を上がると中央ホールがある。以前は大陳列室だった場所だ。それを何も展示しない空間に変えたことが内部の大きな変更点である。これにより、各展示室にアクセスが容易になった。右手の扉を入ると一つの展示室、左手にもう一つの展示室、奥の扉の向こうには新

中央ホールはかつての大陳列室。２階バルコニーや螺旋階段が新設された

設の東山キューブ展示室がある。公共美術館ではさまざまな展示が同時に開催される。それらの交通を整理する「内部の広場」だ。

当初は展示を見る目的地だった空間が、経由地に変わった。図と地の反転とは、まさにこのことだ。二層吹き抜けであり、天窓から落ちる天候によって変わる光も広場感を高める。改修前にはふさがれていた天窓が復活したのは、現代においては外光が大敵である展示室でなくなったため。当初の機能を変更することで、最初の形が良かったかのように感じさせるのは、新たなエントランスとなった旧下足室と同様である。

中央ホールで再び、ガラス・リボンが思い出される。形の抽象的なかわいらしさが、ここにもあるからだ。室内は白く塗装されて、光を反射している。オリジナルのまま残された天井の構造体や様式的な繰形も、均一に塗られている。

「アート的」という言葉が脳裏をよぎる。そんな連想は、もしかしたら近年、現代建築と現代アートを共に巡る旅が一般的になってきたからかもしれない。仮に同じものであっても、時代と共に、こちらの心性の変化によって別のものに見える。形はどんなに抽象化しても、連想の影響を免れることはできない。ピン留めできない不思議なものだ。

一階と二階をつなぐために新設された階段は、開館以来、撮影スポットとして人気を集めている。これは設計者が仕掛けたことか、偶然なのか。白く塗られて、らせんを描いた形は、確かに魅力的だ。こちらが立ち入る余地を残しているから、かわいいと言える。二階部分に巡らされたバルコニーの端にも同様のカーブが施されていて、形の効果を設計者がまったく意識していないわけではないのが分かる。らせん階段もバルコニーも、存在はレトロで、抽象性はモダン。どちらにしても、解釈に余地がある。押し付けてこないのが現代的で、アート的である。

かつての玄関も機能を剝奪されたことで、そのようなアートになっている。中央ホールから手前側に戻れば、そこはタイルや大理石や金属が織りなす美の世界だ。玄関を入ると、踊り場から左右に分かれる対称形の階段が威容を放っている。明治以来の日本人が頑張っ

改修前のメインエントランス。手すりの増設などは最小限に留められている

て学んできた、西洋の公的な建築の常套手段である。段板は上からこぼれ落ちているかのように下部で広がって、ダイナミックな動きを強調する。ただし、親柱は灯籠の形をしていて、手すりの下には蟇股をモチーフとした装飾が見られる。窓の形は禅宗寺院で使われる花頭《かとう》窓、柱の上部は斗栱を模している。ただし、どちらも幾何学的な加工が施され、ライト式も組み合わされている。外観と共通したテイストだ。いわば「内部のファサード」。

　威厳を示していた玄関の顔は今や、権威を象徴するという機能の荷を下ろし、物そのものとしての表情を見せている。工芸的に仕立てられていたり、抽象化によって日本らしさを活性化する造形であったり、展示の経由地ではなくて鑑賞されるものとなったことで、読み取れる意味が増しているのだ。同様に手が込んだデザインは、折り上げ格天井を備えた

裏手の玄関が新設された東山キューブ展示室に続く。右手に既存の日本庭園

二階奥の貴賓室にも保存されている。

しかし、和風と洋風とをつなぐのであれば、表面的な意匠などではなく、内部と外部の連続性のほうを考えるべきではなかったか。モダニズムを経由した後であれば、そのように思うに違いない。今回の再設計では、従来は閉じていた開口部を開き、内部空間を外部空間に接続している。裏手の庭園とのつながりが、その最たるものだ。

こうしたつくりは「帝冠様式」といった意匠には関係なく、戦前の公共建築のものだ。本格的な空調や十分な光源がまだない時代だったので、外部にすぐつながるようになっていたのである。そのために開口部が多く、中庭を備えていた。左右対称の形式的な平面構成や過大な玄関などと共に、戦後の機能主義で否定された構成であり、天窓や扉や窓は後にふさがれることが多かった。

再設計ではそれらを開き、新設されたガラス・リボンなどと共に、内部と外部を連続させる要素にしている。それが公共的であること、平安神宮や庭園に隣接していることを包摂して、日本的であることの新たな解釈になっている。こうした余地は、戦後のモダニズム建築の改修であれば生まれにくかったのだから、少し皮肉だ。そして、モダニズム以前の形の輝きは生かされ、単に温存されるのではなくて、新しいデザインと響き合っている。

継承の時代を牽引する街

京都市美術館の再設計は、モダニズム以前、モダニズム、ポストモダニズムを横断していると言える。単に対立するのではなく、複数の意味を豊かにしていくことが言葉の深い意味でのポストモダニズムであるとすれば、そのような設計である。

一般的に建築家による作品から得るところが大きいのは、建築という歴史に参与する意志が顕著だからだ。それまでの歴史を引き取り、新たな意味を与えて、方向転換させる。それに参加したとみなされる者が――狭義には――建築家と呼ばれる。

建築家とみなされる者にも、もちろん出入りがある。本書で取り上げた中で言うと、ヴォーリズは二〇年ほど前まではそこにあまり含まれなかった。モダニズムへの進歩に貢献していないと考えられたことが大きかった。けれど、現在は違う。山田守についても、そ

かつて平安神宮の大鳥居も京都市京セラ美術館と同時期に鉄筋コンクリートで実現

うした評価の変転が今、進行中かもしれない。

　歴史自体の認識が、歴史と共に変わっていく。それは一般の人々が判断することで、専門家はその種を与える。それらは「批評」と言える。批評とは難解な言葉を使うことではないし、失って良いものでもない。このリニューアル設計も、そうした類のものだ。「帝冠様式」と呼ばれていた物の見え方を変えている。より広く戦前の公共建築の持つ平面計画に新たな意味を与えている。モダニズムやポストモダニズムのあり方に対しても、設計そのものによって、再考させている。その姿勢に、設計は批評であるというポストモダニズムの響きを聴くことができるかもしれない。

　現代は、意味を重奏する豊かさを知る、継承の時代である。京都がその最先端の場所であることを代表するのが本作だ。

あとがき

京都は、建築をものがたる喜びを思い起こさせてくれる。

八世紀からの都と言っても平安時代の建物は一つも残っていないので、古《いにしえ》の人々がどのように暮らし、それをいかに眺めたかを知るためには発掘調査を行い、現存する建物を考証し、文献や絵画資料などと照らし合わせて、ことの成り行きを検討する必要が出てくる。

近現代でも同様だ。その時代になぜこれが求められたのか。どのように使われ、人々にどんな感情を抱かせたのか。建築に接近したいと思ったら、物体としての建物の説明だけで十分とは言えない。

「建築」とは、いわば「このような建物が欲しい」と強く思った時に、出現するものではないか。以前よりも大きかったり、高かったり、それまでに存在したものに似ていたり、あるいは違っていたり。そんなものを所有したいと願い、実現させたのが建築だ。その系譜が建築史だ。決して自然にできあがり、受動的に移り替わっていった出来事ではない。夢想から派生したり、物体が誤解されたり、偶然のように生まれたり、時を介して必然のようにつながったりする。だから、面白い。歴史というものが一般にそうであるように、今に「伝統」とされる事物や「理論」に寄りかかってしまいそうになる自身の姿勢を、ピリッとさせてくれる。

ここまでの一三章では、今ある建築を通じて、複数の「京都らしさ」を語ってきた。京都の長い伝統は、ここに「このような建物が欲しい」という個人の思いを強く集める。個性的な才能が呼び集められる。

特に近現代の場合には、江戸時代までにはいなかった「建築家」と呼ばれる人間がいる。それはとりわけ、建築の公的な側面を私的に考えることを引き受ける人物であって、社会というよりも世間を大事にする日本情緒とは違った感覚を備えている。そんな立場なので、明治以降の西洋化の中で国家によって輸入されたとはいえ、それに収まらない言動をとったりする。日本の過去に対して、従来と違う見方をしたりもする。

京都は、そんな発見が連続する場所だ。通俗的な「京都らしさ」や「日本らしさ」に安住しない、未来への刺激になる建築が数多く存在するのは当然かもしれない。

本書は京都へのエールだ。このように建築を残し、読んで創造する空気を拡げて、全国をますますリードしてほしい。

京都の建築について書くのは、これが二度目となる。以前の『神戸・大阪・京都レトロ建築さんぽ』（エクスナレッジ）では、情感あふれる建築の細部を下村しのぶさんに撮り下ろしていただいた。カラー写真で多くの建物を紹介し、関西の三都市の違いも考察しているので、共にお読みいただくと理解が深められると思う。

前書があったので、本書は建物紹介でない書き方に振ることができた。取り上げる建築の数は一三しかなく、一直線の解説でもない。存在しない対象に紙幅を割いたと思ったら、具体的なものに急展開する。そんな建築ガイドブックではありえない内容になった。

夢に終わったものも、今はないものも同列に表現できるのが、叙述の良いところだ。細部の描写が全体に響いたり、異なる章の内容が想起されたり、ある分量の文章でしか成立しない感興が実在することを、本書を通じて強く感じた。

建築は建物でないので、関係する物事すべてを記述することができないとしたら、求められるのは有限で適切な叙述に違いなく、それは無限の情報に勝るのではないか。自分の中にある複数のテーマを、これからもっと文章として出していこう。そう思わせてくれたのも京都だ。

執筆は平坦な道ではないけれど、平凡社の岸本洋和さんの絶妙な同伴によって、こうして「喜び」だなんて書けている。契機は、STANDARD BOOKSシリーズの『吉阪隆正 地表は果して球面だろうか』（平凡社）の栞の文章をご依頼いただいたことにあり、そこから私の初著作である『吉阪隆正とル・コルビュジエ』（王国社）をある意味、継承する本が生まれたのですから、ご縁を感じます。

二〇二一年八月

倉方俊輔

参考文献

第一章

京都国立博物館編『京都国立博物館百年史』京都国立博物館、一九九七年
辰野金吾「片山博士に対する諸家の追憶」『建築雑誌』一九一七年一二月号
伊勢弘志『近代日本の陸軍と国民統制――山縣有朋の人脈と宇垣一成』校倉書房、二〇一四年
「帝国京都博物館（上）」『大阪朝日新聞』一八九七年五月二日号
「人物風土記 第七回 片山東熊」『建築士』一九五九年七月号

第二章

京都府教育庁指導部文化財保護課編『重要文化財旧日本銀行京都支店修理工事報告書』京都府教育委員会、一九八八年
日本銀行百年史編纂委員会編『日本銀行百年史』日本銀行、一九八二～八六年
藤森照信『日本の建築明治大正昭和 三 国家のデザイン』三省堂、一九七九年
河上眞理、清水重敦『辰野金吾――美術は建築に応用されざるべからず』ミネルヴァ書房、二〇一五年

第三章

竹中工務店著作・編集『浄土真宗本願寺派本願寺伝道院保存修理工事報告書（旧真宗信徒生命保険株式会社社屋）』竹中工務店、二〇一一年

倉方俊輔「伊東忠太の西本願寺関連の計画について——明治期の図面類にみる伊東忠太の設計活動 その2」『日本建築学会計画系論文集』二〇〇三年四月

第四章

京都府教育委員会『京都府立図書館建物記録調査報告書』京都府教育委員会、一九九七年
石田潤一郎『関西の近代建築——ウォートルスから村野藤吾まで』中央公論美術出版、一九九六年
石田潤一郎著、中川理編『建築を見つめて、都市に見つめられて』鹿島出版会、二〇一八年
文京ふるさと歴史館編『武田五一の軌跡——近代建築の好奇心 特別展図録』文京区教育委員会、二〇〇五年

第五章

山形政昭『ウィリアム・メレル・ヴォーリズの建築——ミッション建築の精華』創元社、二〇一八年
奥村直彦『ヴォーリズ評伝——日本で隣人愛を実践したアメリカ人』港の人、二〇〇五年

第六章

大林組「京都四條 南座」『新建築』二〇一九年一月号
都ホテル『都ホテル１００年史』都ホテル、一九八九年
村野藤吾作、京都工芸繊維大学美術工芸資料館・村野藤吾の設計研究会編、石田潤一郎監修『村野藤吾とクライアント——「近鉄」の建築と図面資料』国書刊行会、二〇一七年

第七章

長谷川堯『建築有情』中公新書、一九七七年
京都産業観光センター社史刊行委員会編『京都タワー十年の歩み』京都産業観光センター社史刊行委員会、

一九六九年
『朝日新聞』一九六四年四月八日、一〇月九日、一二月一四日号
『AERA』一九九一年一二月一七日号
大宮司勝弘、竹内淳、岩岡竜夫、岩田利枝「山田守設計による京都タワービルの設計過程に関する研究」『日本建築学会計画系論文集』二〇〇九年二月

第八章

営繕協会編『国立国際会館設計競技応募作品集』日本建築学会、一九六四年
BMC『特薦いいビル 国立京都国際会館』大福書林、二〇一九年
山本想太郎、倉方俊輔『みんなの建築コンペ論——新国立競技場問題をこえて』NTT出版、二〇二〇年

第九章

CDI編『コミュニティ・バンク論——地域社会との融合をもとめて』京都信用金庫、一九七三年
CDI編『コミュニティ・バンク論2』京都信用金庫、一九七八年
CDI編『コミュニティ・バンクの空間計画——その思想と実践』京都信用金庫、一九八三年
磯達雄文、宮沢洋イラスト、日経アーキテクチュア編『菊竹清訓巡礼』日経BP社、二〇一二年
「菊竹学校」編集委員会『菊竹学校——伝えたい建築をつくる心』建築画報社、二〇一五年

第一〇章

三宅理一『安藤忠雄建築を生きる』みすず書房、二〇一九年
古山正雄『安藤忠雄 野獣の肖像』新潮社、二〇一六年
シリーズ「20世紀:日本の建築」プロジェクトチーム監修『21世紀:日本の建築——素材と現場から』日

刊建設通信新聞社、二〇〇四年
安藤忠雄作、二川幸夫企画・編『安藤忠雄ディテール集』A.D.A.EDITA Tokyo、一九九一年

第一一章

「JR京都駅改築設計競技結果発表」『新建築』一九九一年六月号
「JR京都駅改築設計競技詳報」『日経アーキテクチュア』一九九一年五月二七日号
「京都駅ビル」『新建築』一九九七年九月号

第一二章

「京都会館」『新建築』一九六〇年七月
吉田研介編『建築設計競技選集 1945〜1960』メイセイ出版、一九九五年
香山壽夫「近代建築の保存改修において何が問題か――「京都会館」の例を通して考える」『新建築』二〇一六年三月号

第一三章

京都美術館編『大礼記念京都美術館年報 昭和八年』大礼記念京都美術館、一九三四年
資生堂企業文化部企画・編集、藤森照信・植田実監修『銀座モダンと都市意匠――今和次郎、前田健二郎、山脇巌・道子、山口文象』資生堂、一九九三年
青木淳・西澤徹夫設計共同体「京都市美術館（通称：京都市京セラ美術館）」『新建築』二〇二〇年五月号

【著者】
倉方俊輔（くらかた しゅんすけ）
1971年東京都生まれ。早稲田大学理工学部建築学科卒業。同大学大学院修了後、伊東忠太の研究で博士（工学）を取得。現在、大阪市立大学准教授。専門は日本近現代建築史。研究や執筆の他、日本最大の建築公開イベント「イケフェス大阪」の実行委員会委員を務めるなど、建築の魅力的な価値を社会に発信する活動を展開している。
著書に『東京モダン建築さんぽ』（エクスナレッジ）、『吉阪隆正とル・コルビュジエ』（王国社）、編著に『吉祥寺ハモニカ横丁のつくり方』（彰国社）、『伊東忠太建築資料集』（ゆまに書房）、共著に『別冊太陽 日本の住宅一〇〇年』（平凡社）、『みんなの建築コンペ論』（NTT 出版）などがある。

平凡社新書985

京都 近現代建築ものがたり

発行日——2021年9月15日　初版第1刷

著者——倉方俊輔
発行者——下中美都
発行所——株式会社平凡社
東京都千代田区神田神保町3-29　〒101-0051
電話　東京（03）3230-6580［編集］
　　　東京（03）3230-6573［営業］
振替　00180-0-29639
印刷・製本—図書印刷株式会社
装幀——菊地信義

ISBN978-4-582-85985-0
NDC 分類番号523.162　新書判（17.2cm）　総ページ232
平凡社ホームページ　https://www.heibonsha.co.jp/